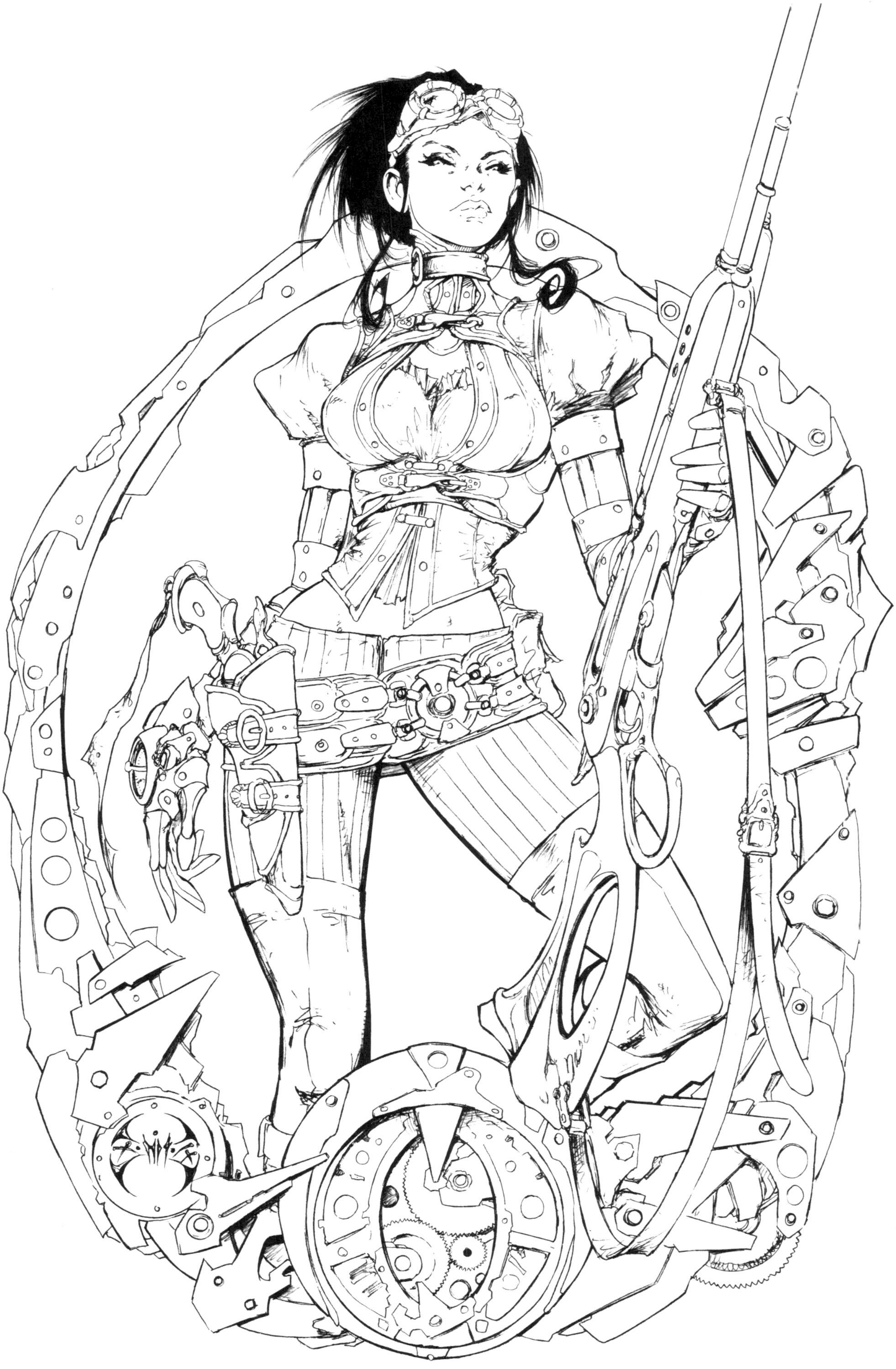

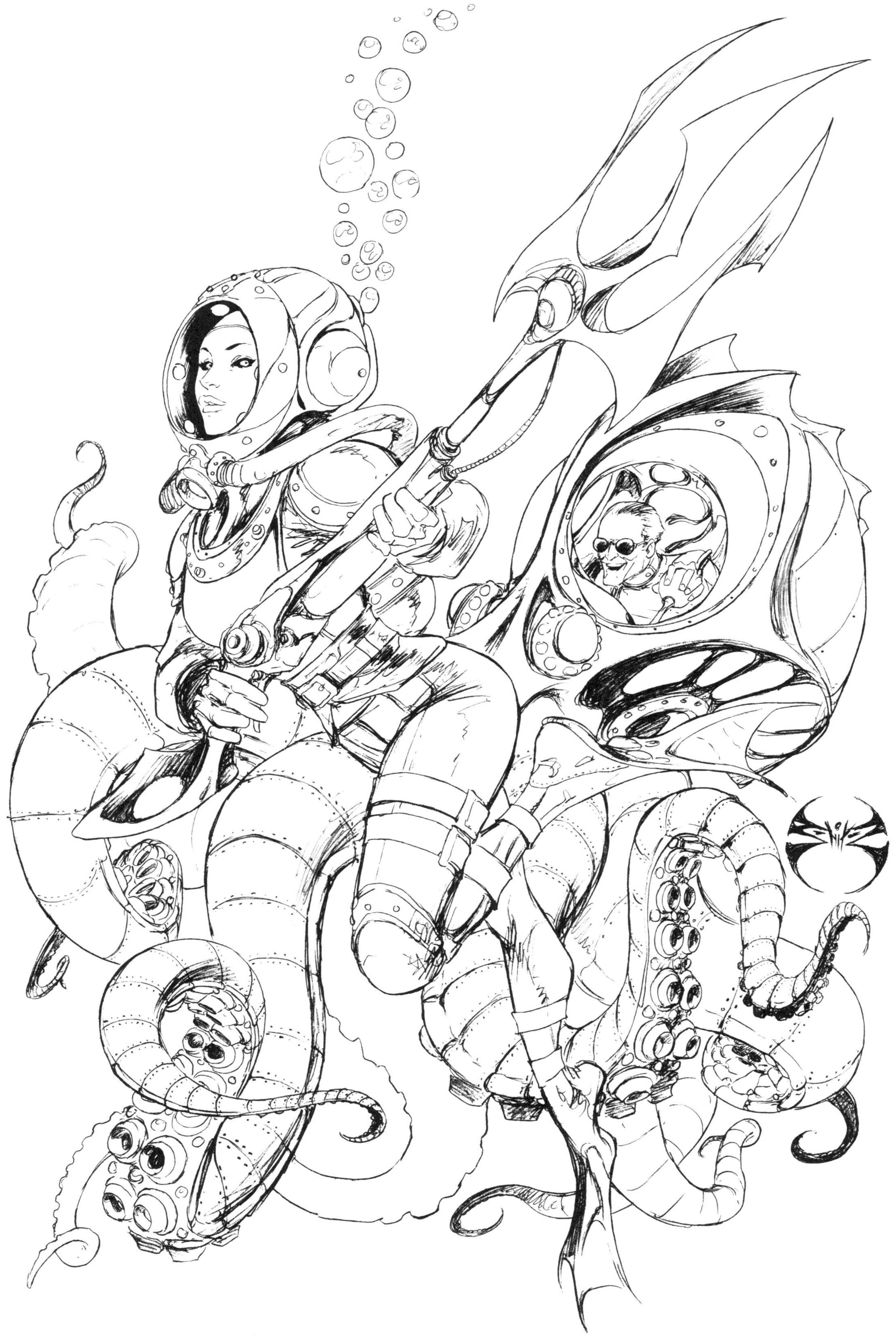

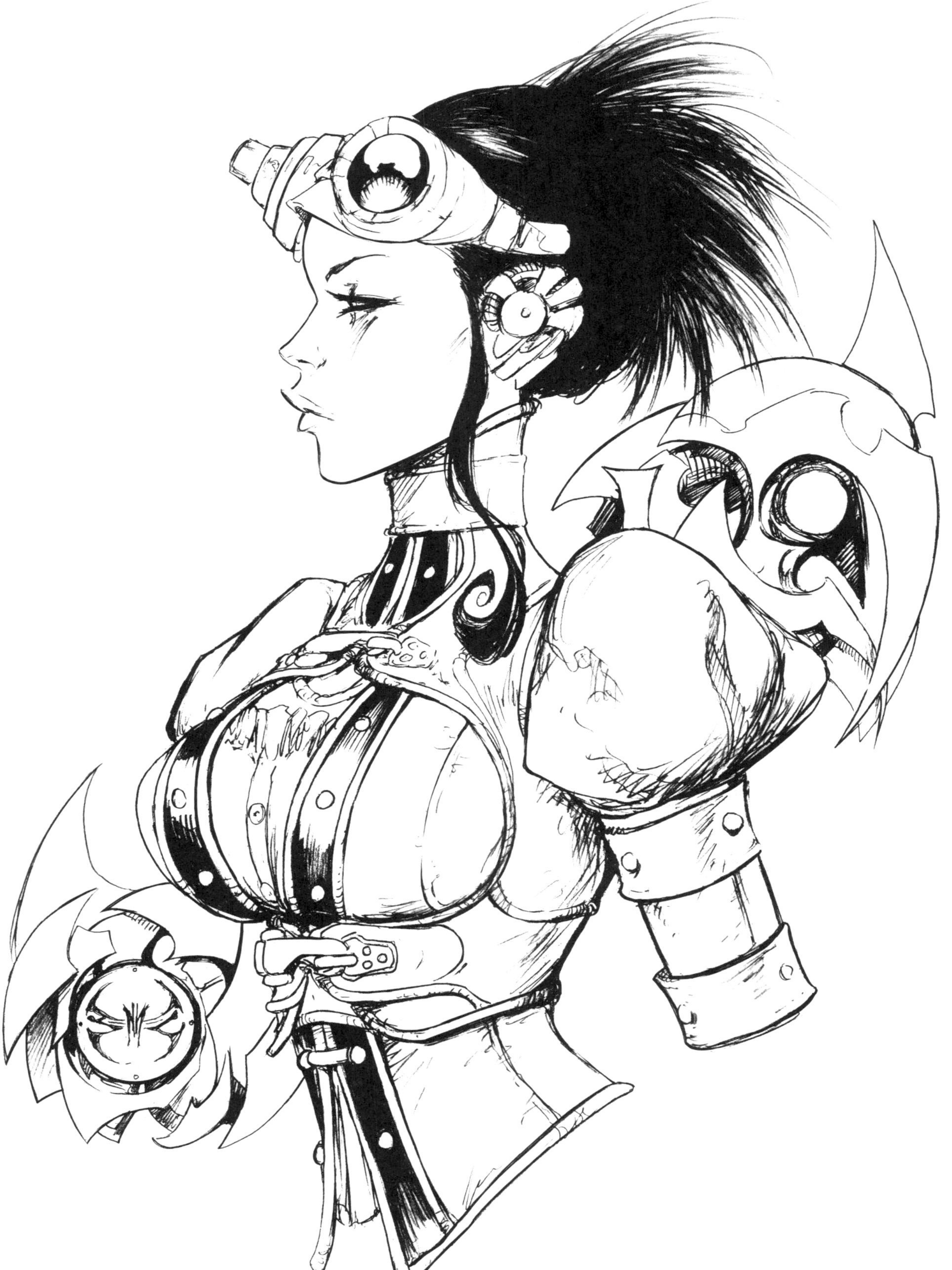

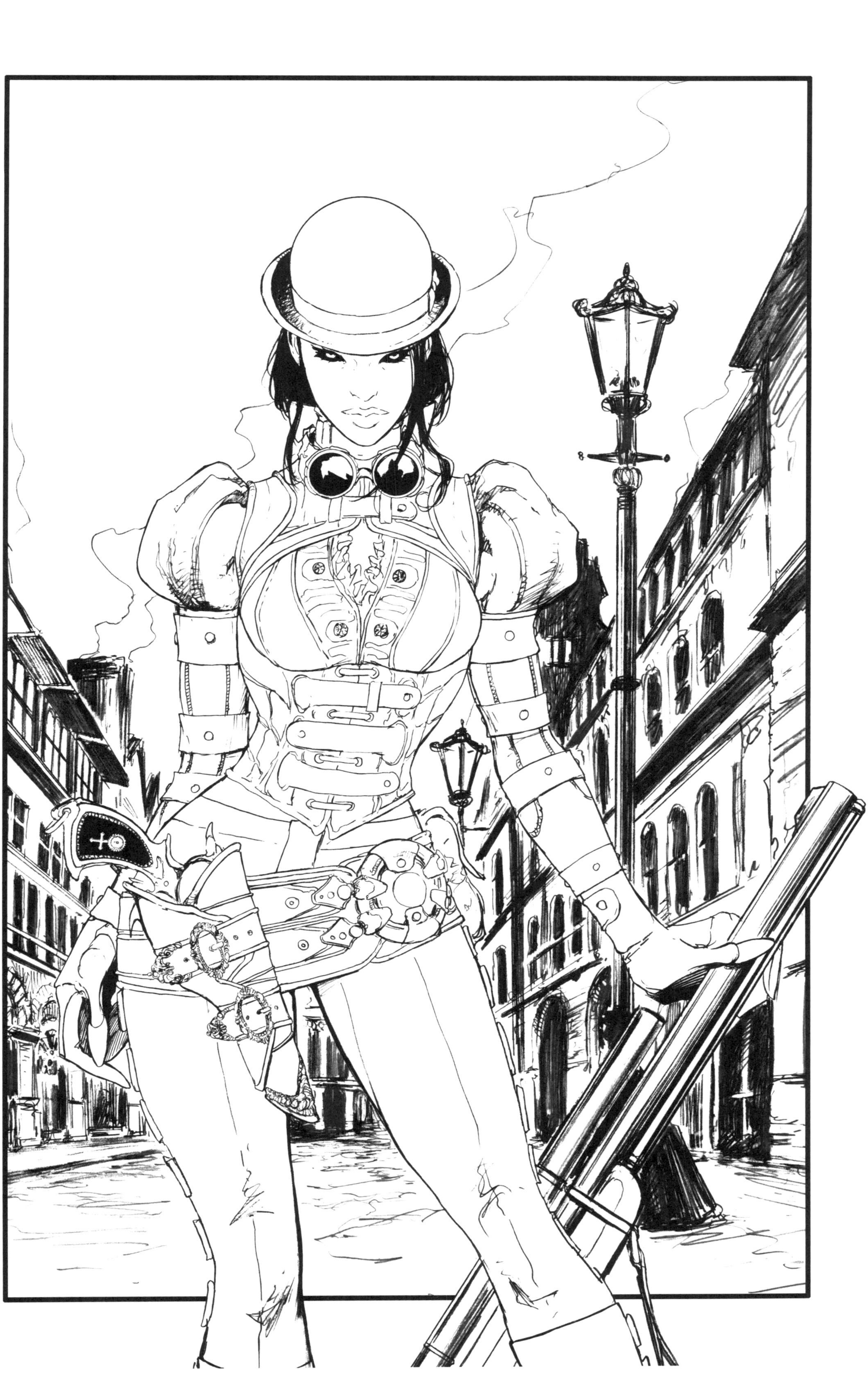

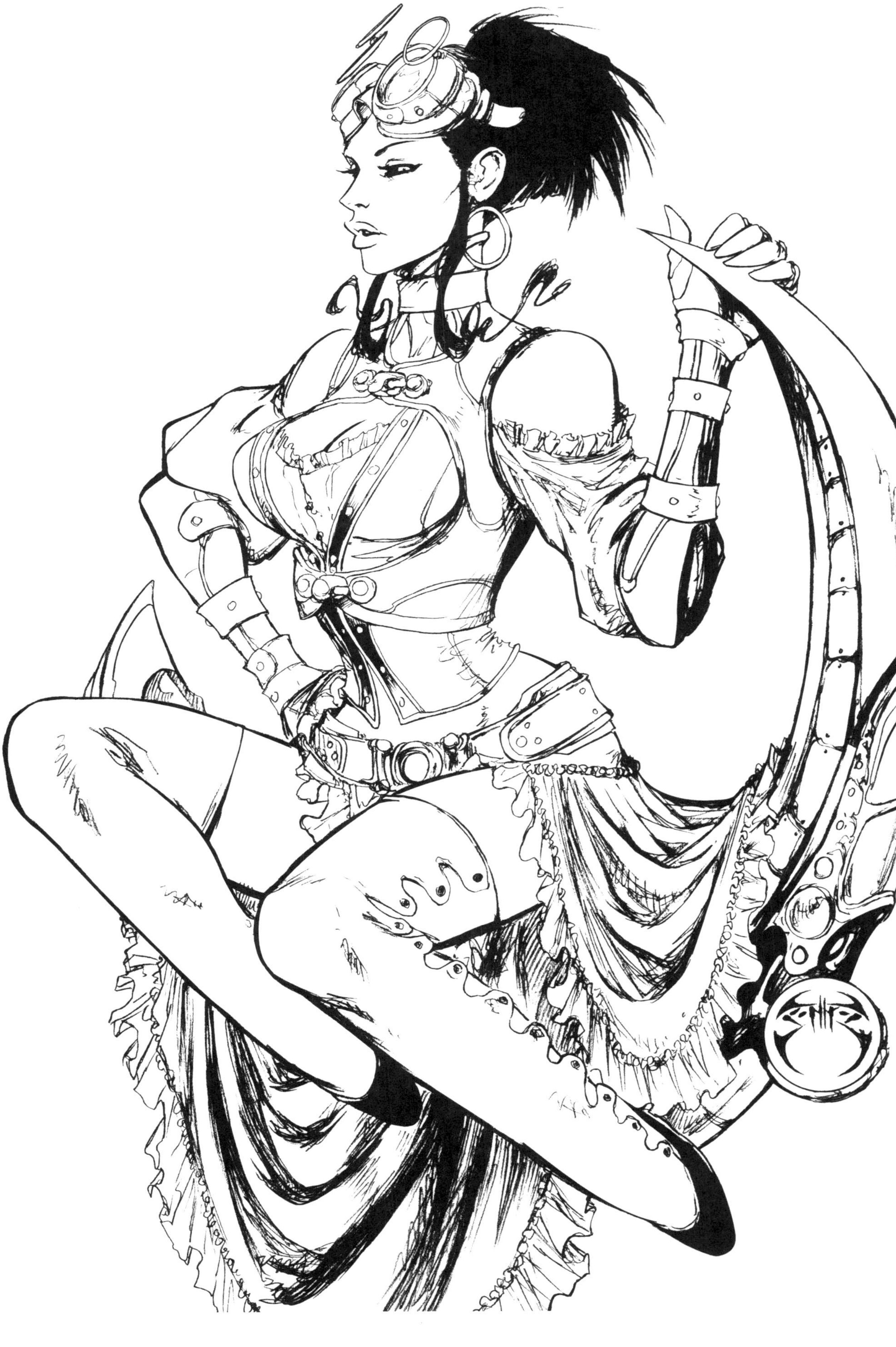

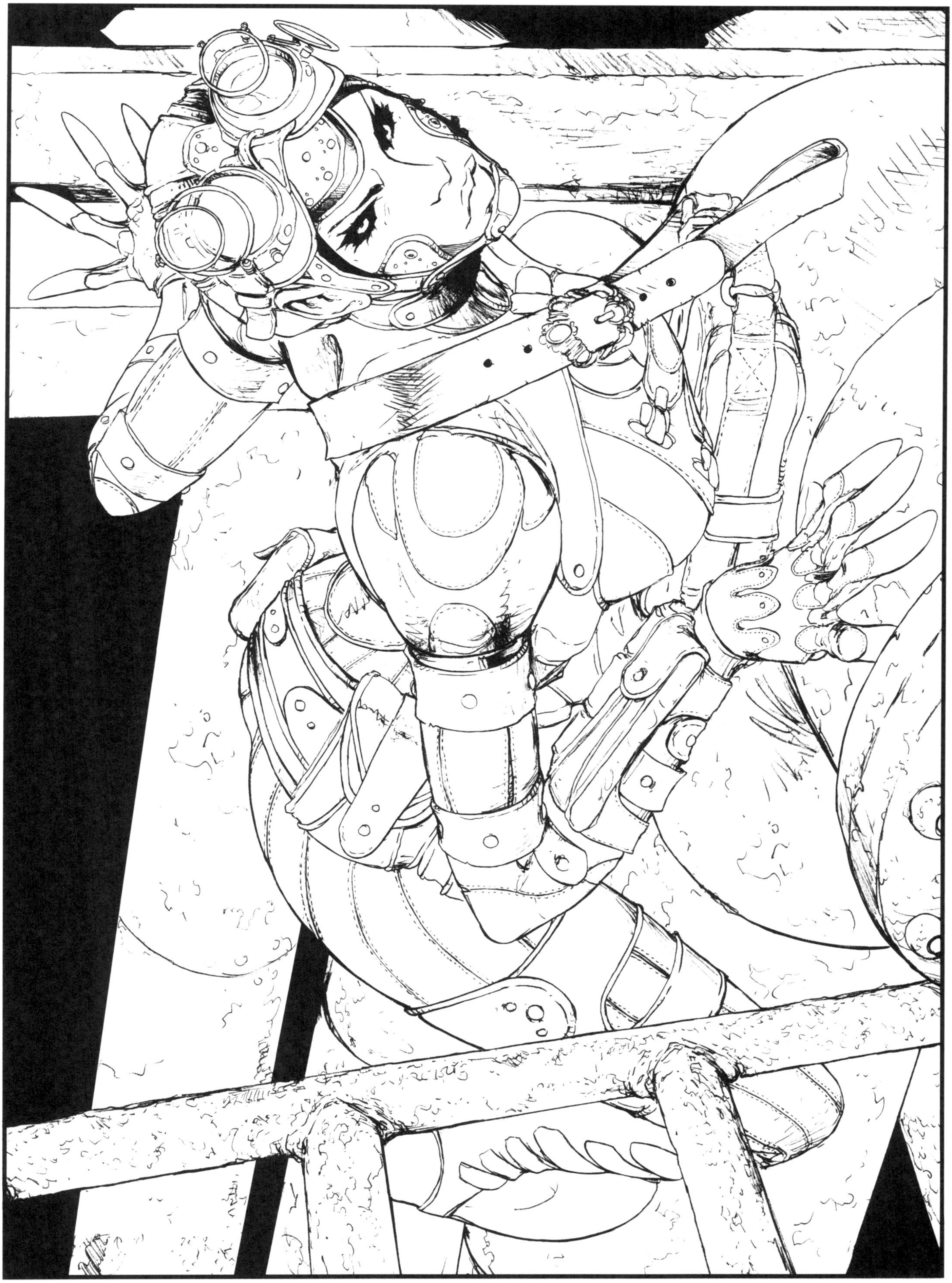

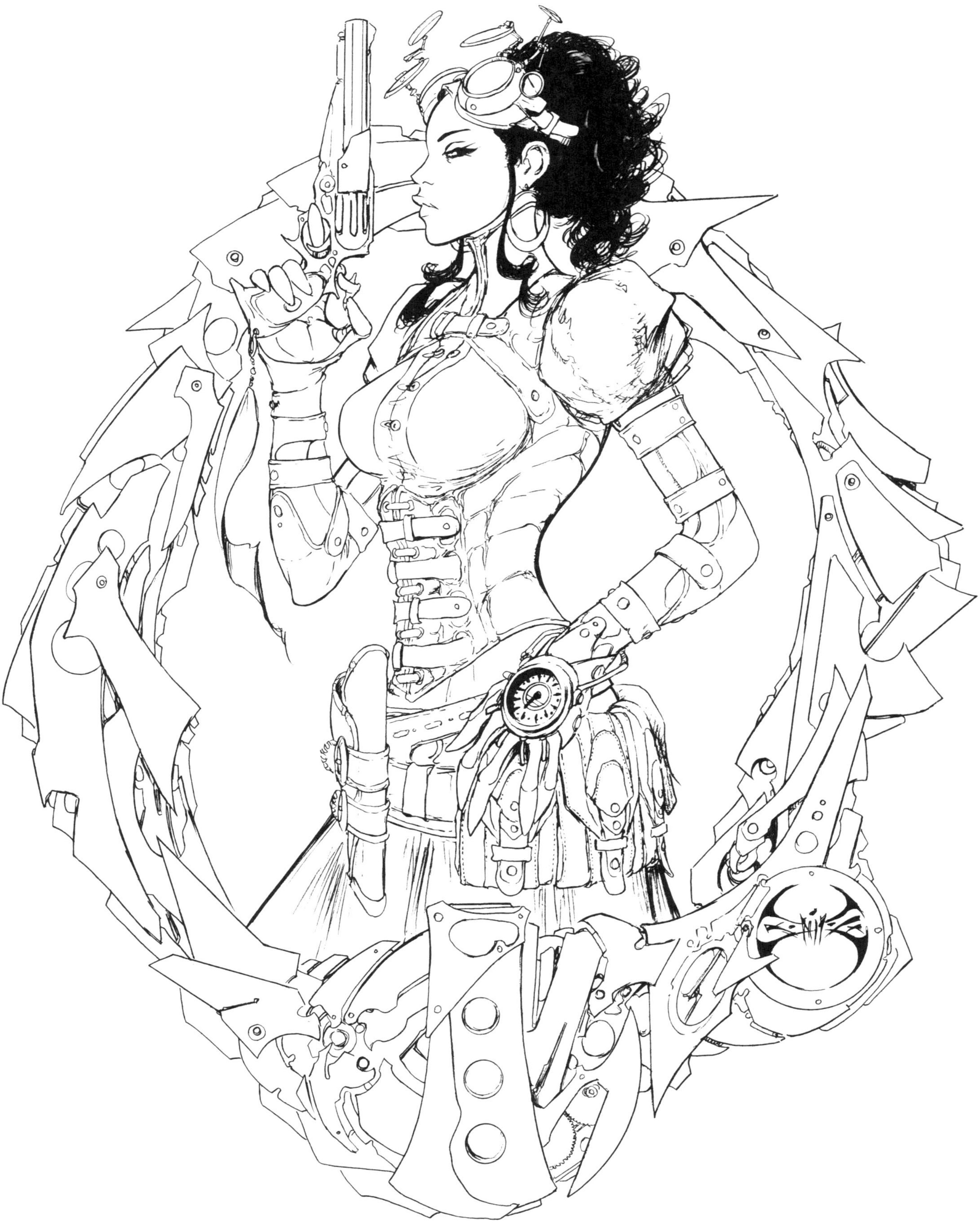

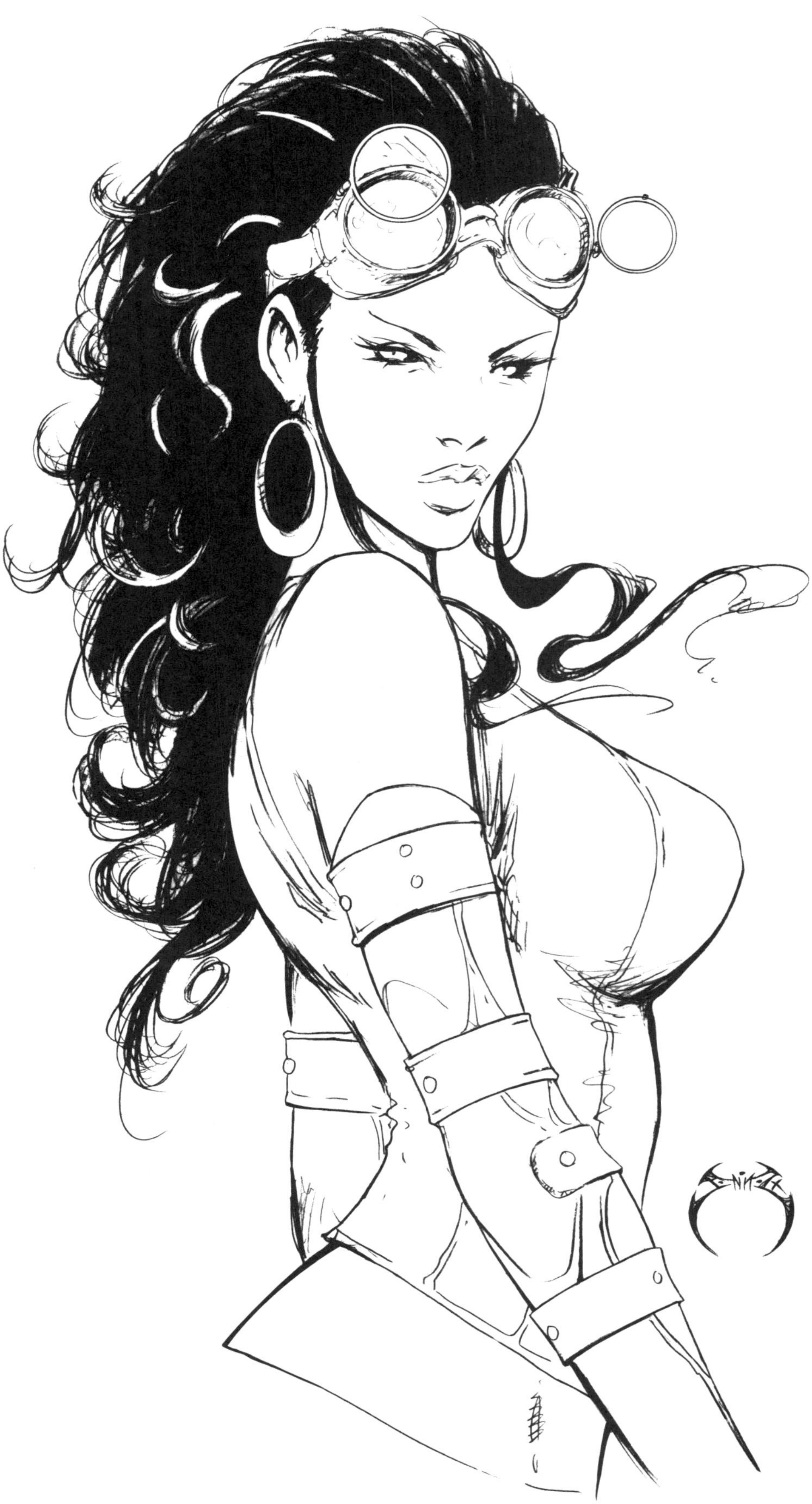

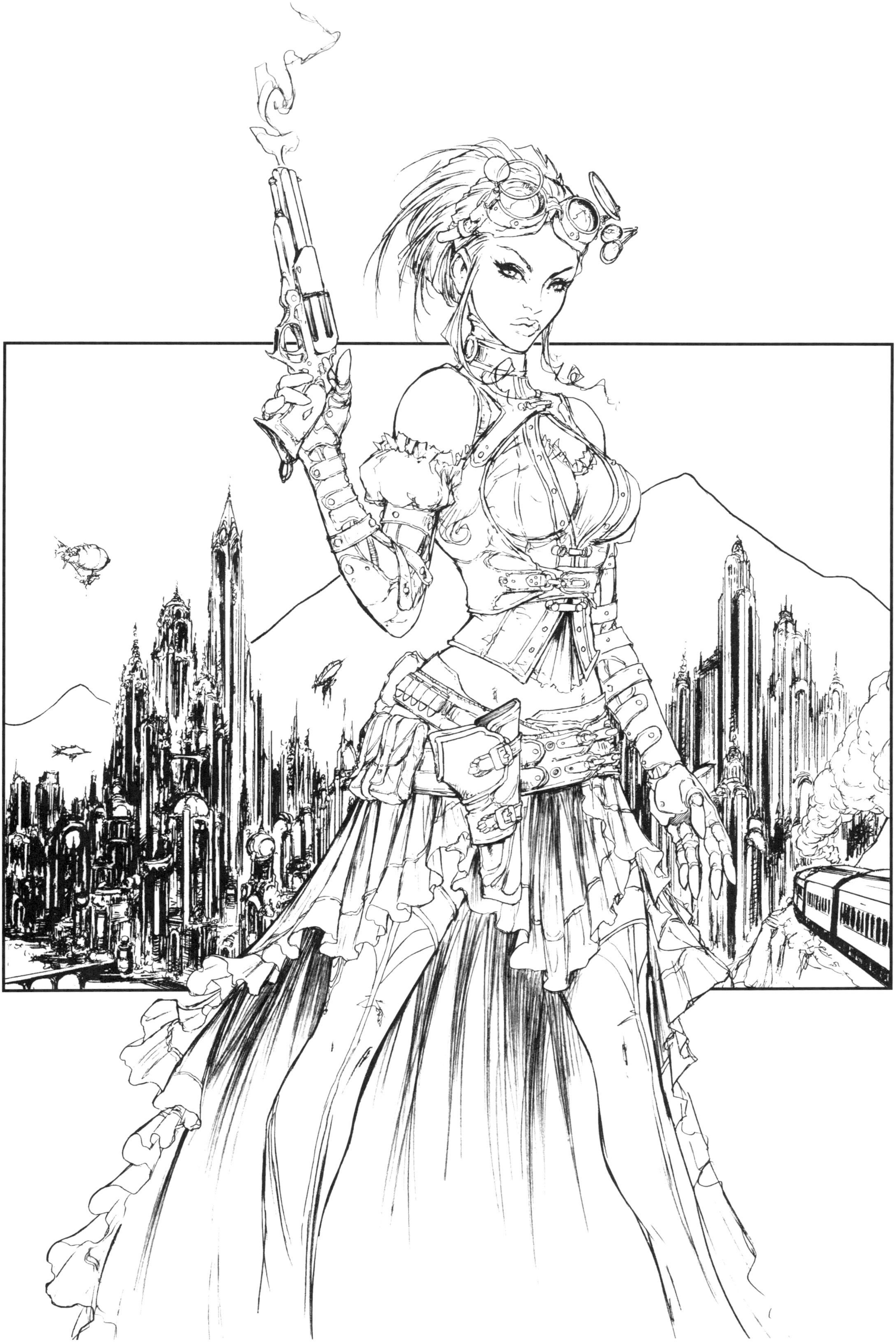

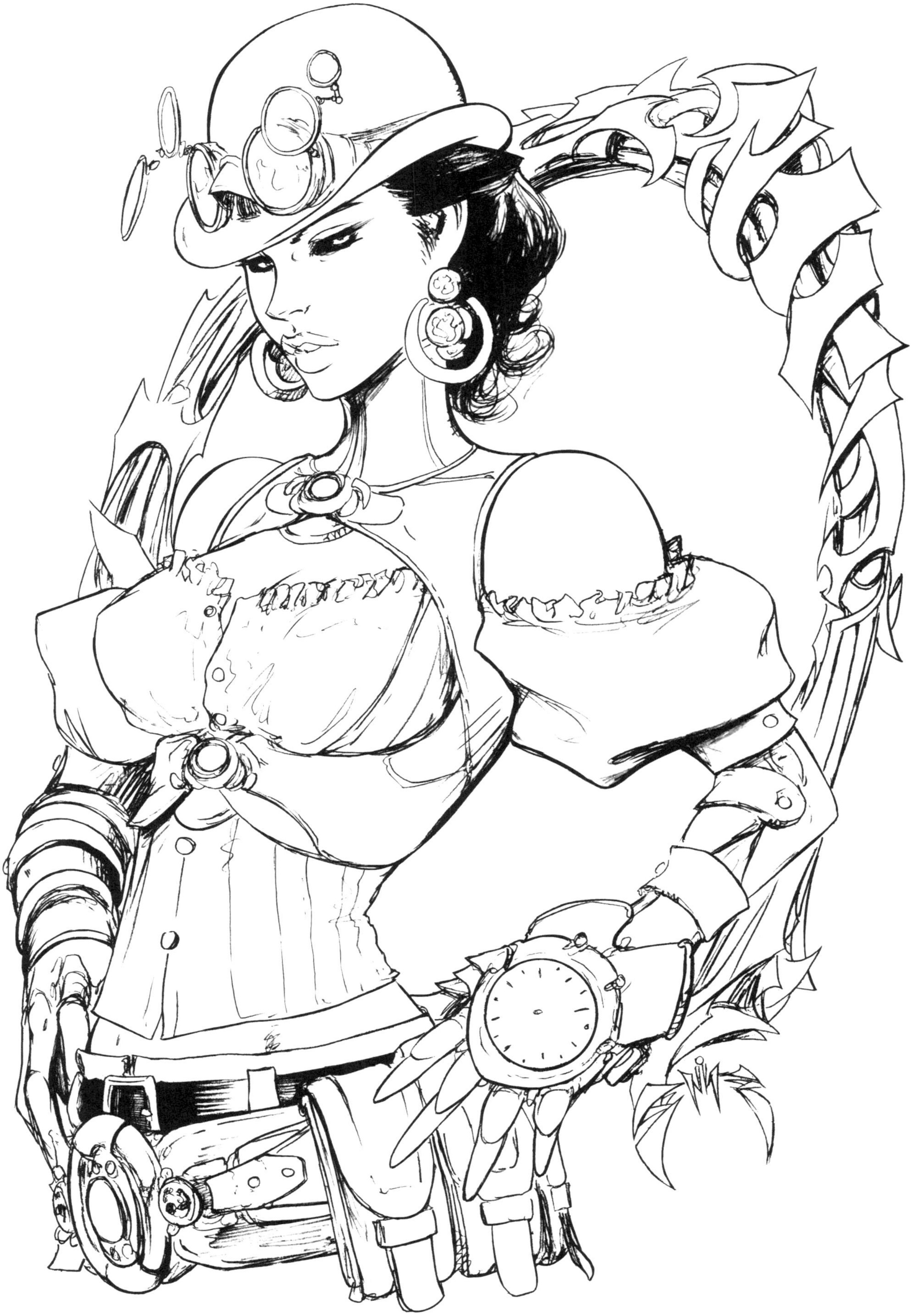

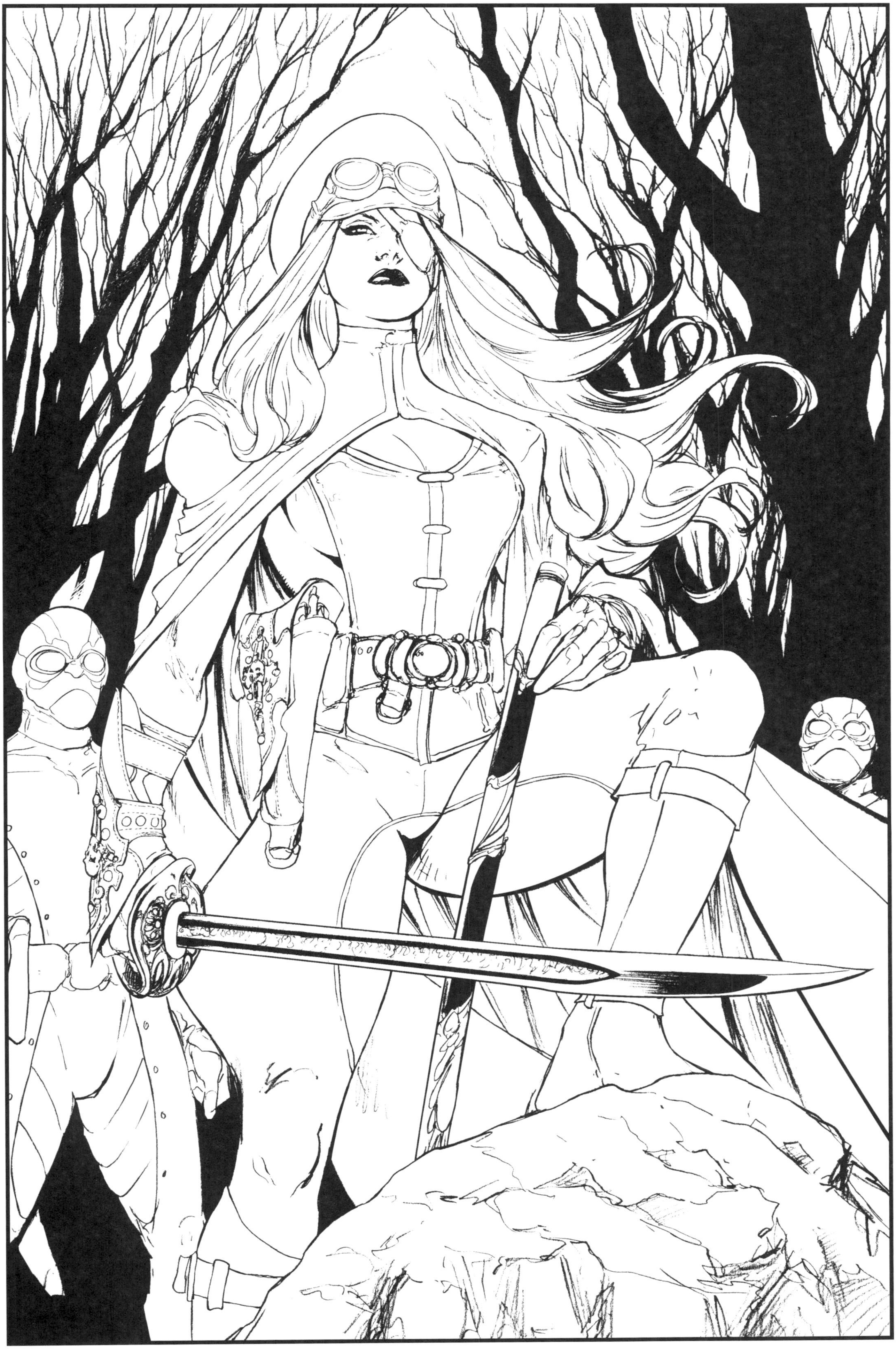

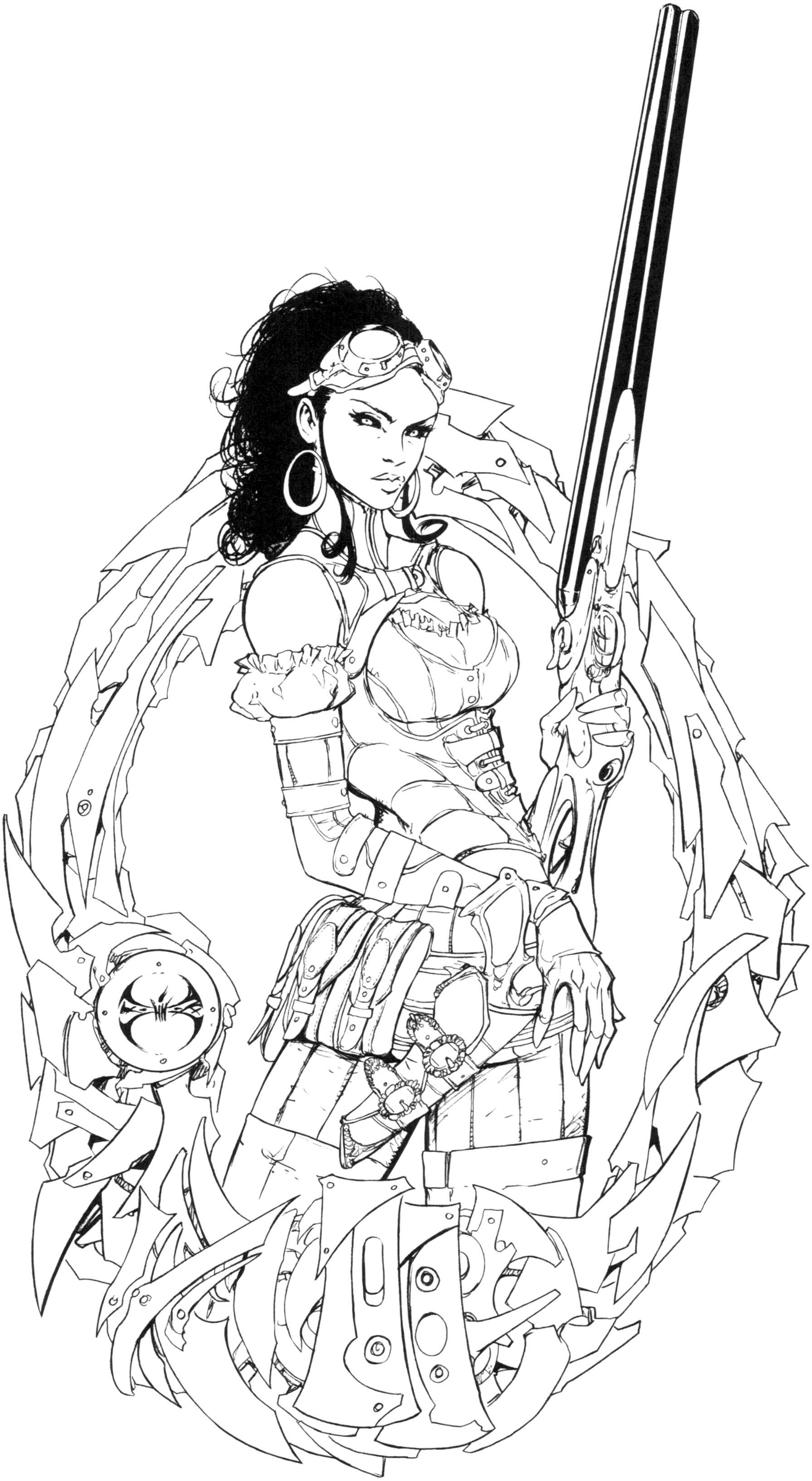

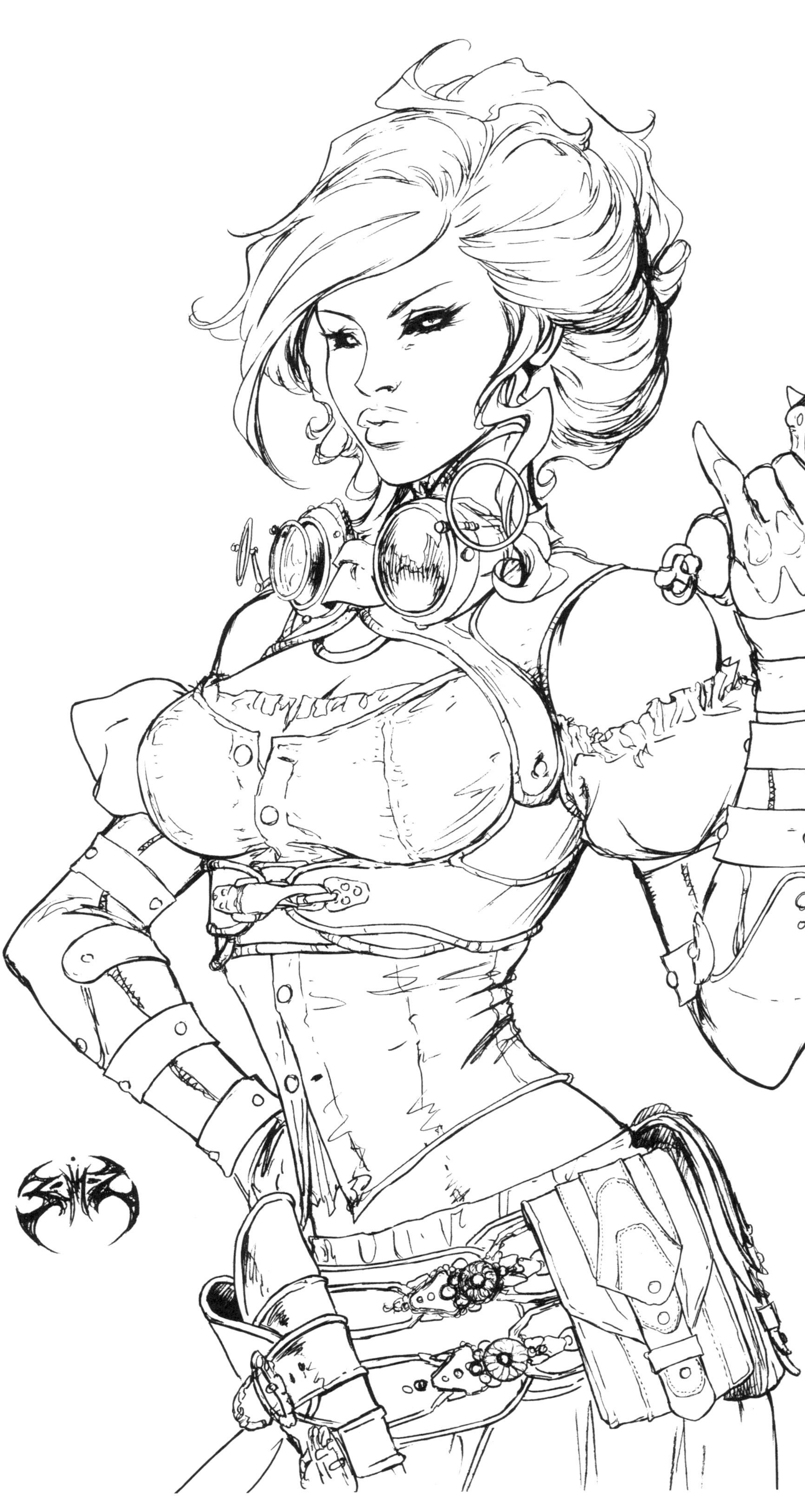

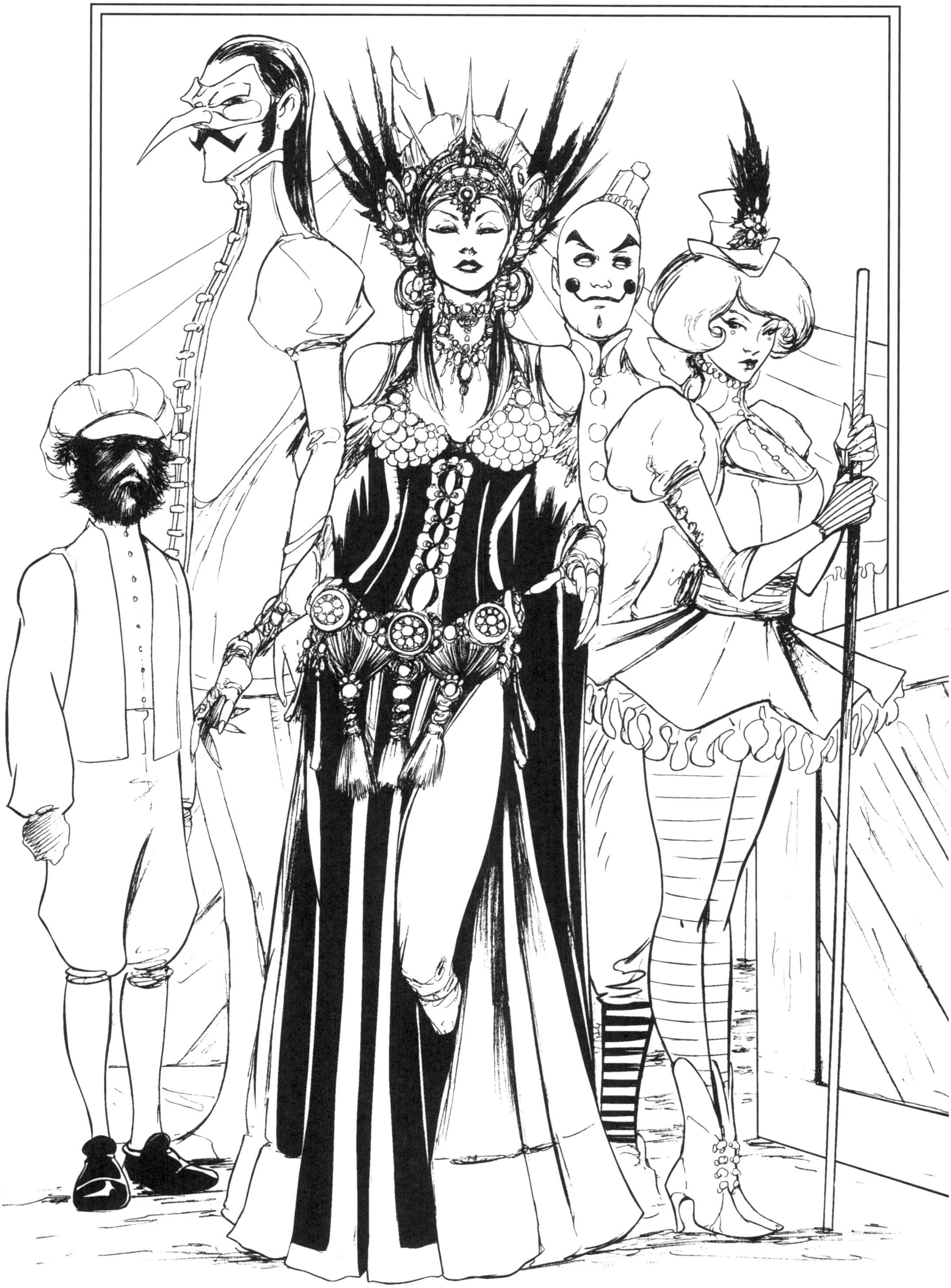

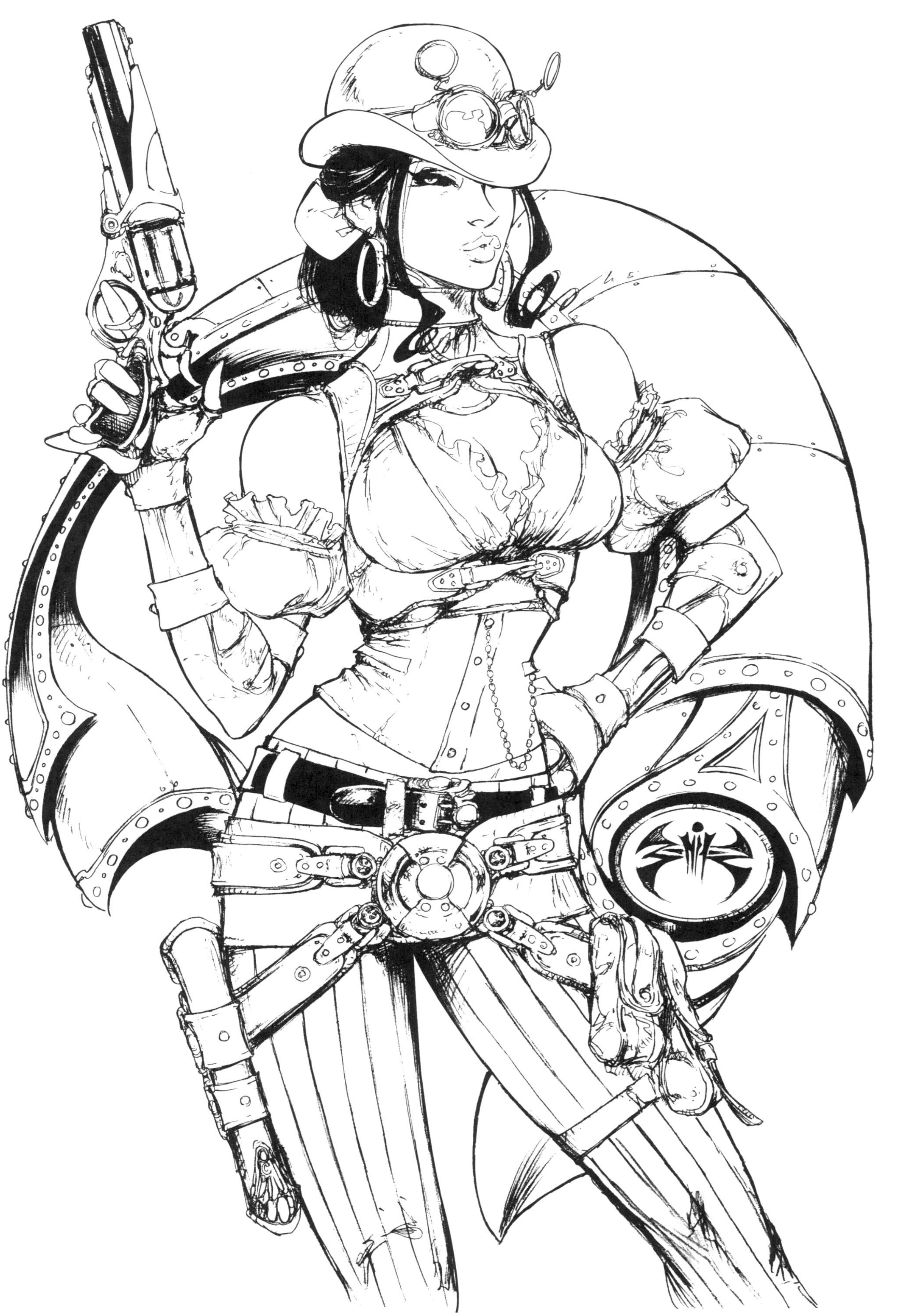

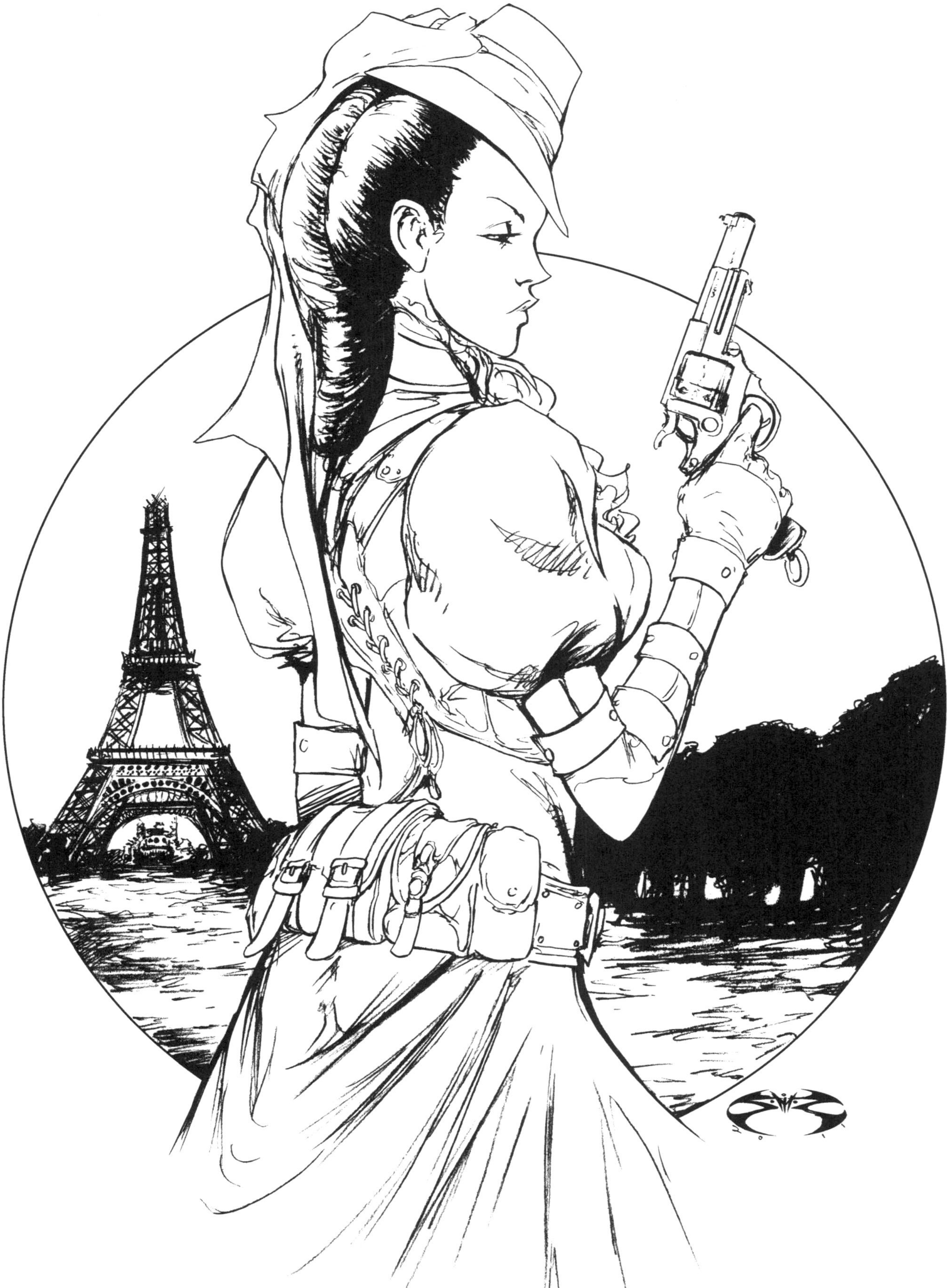

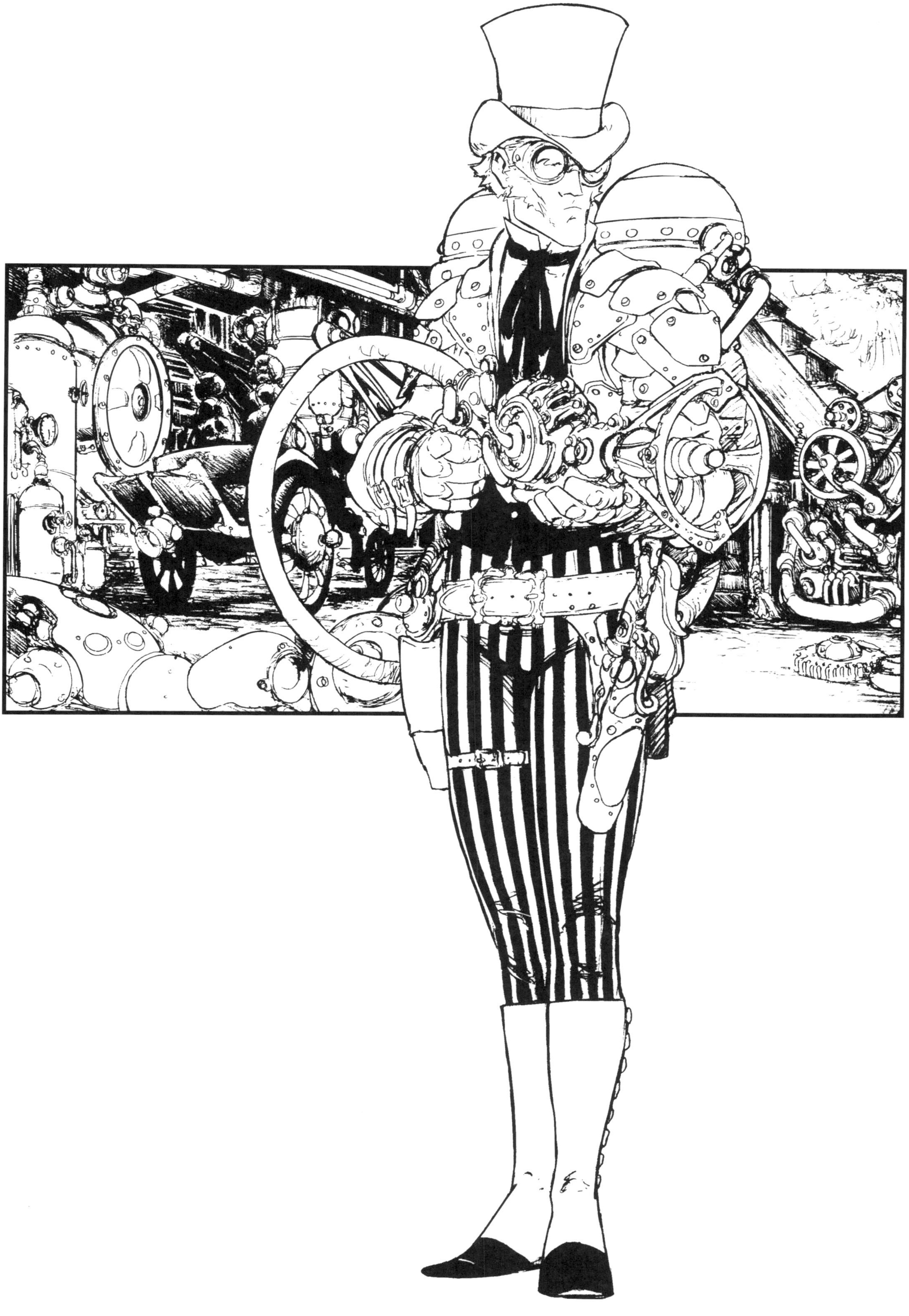

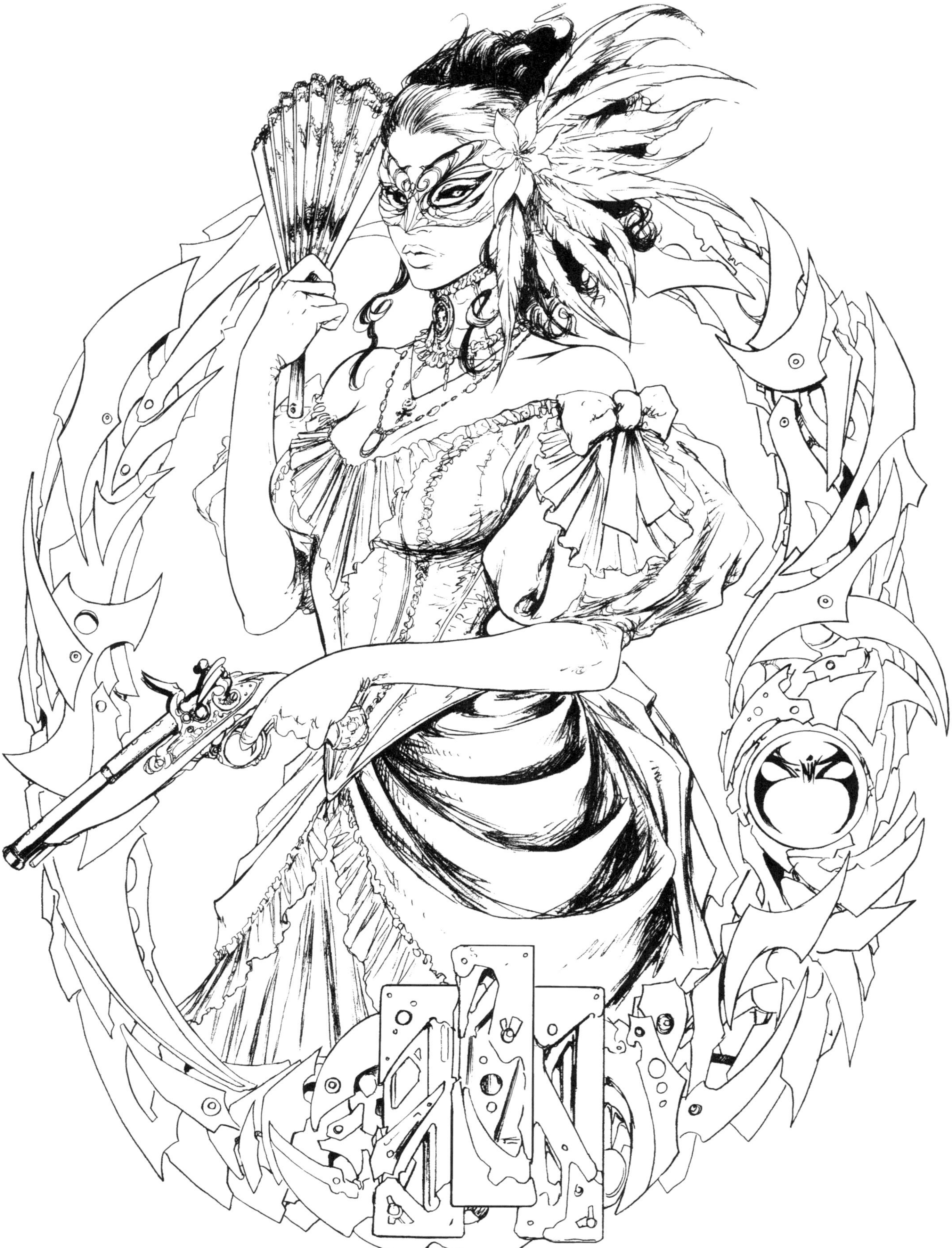

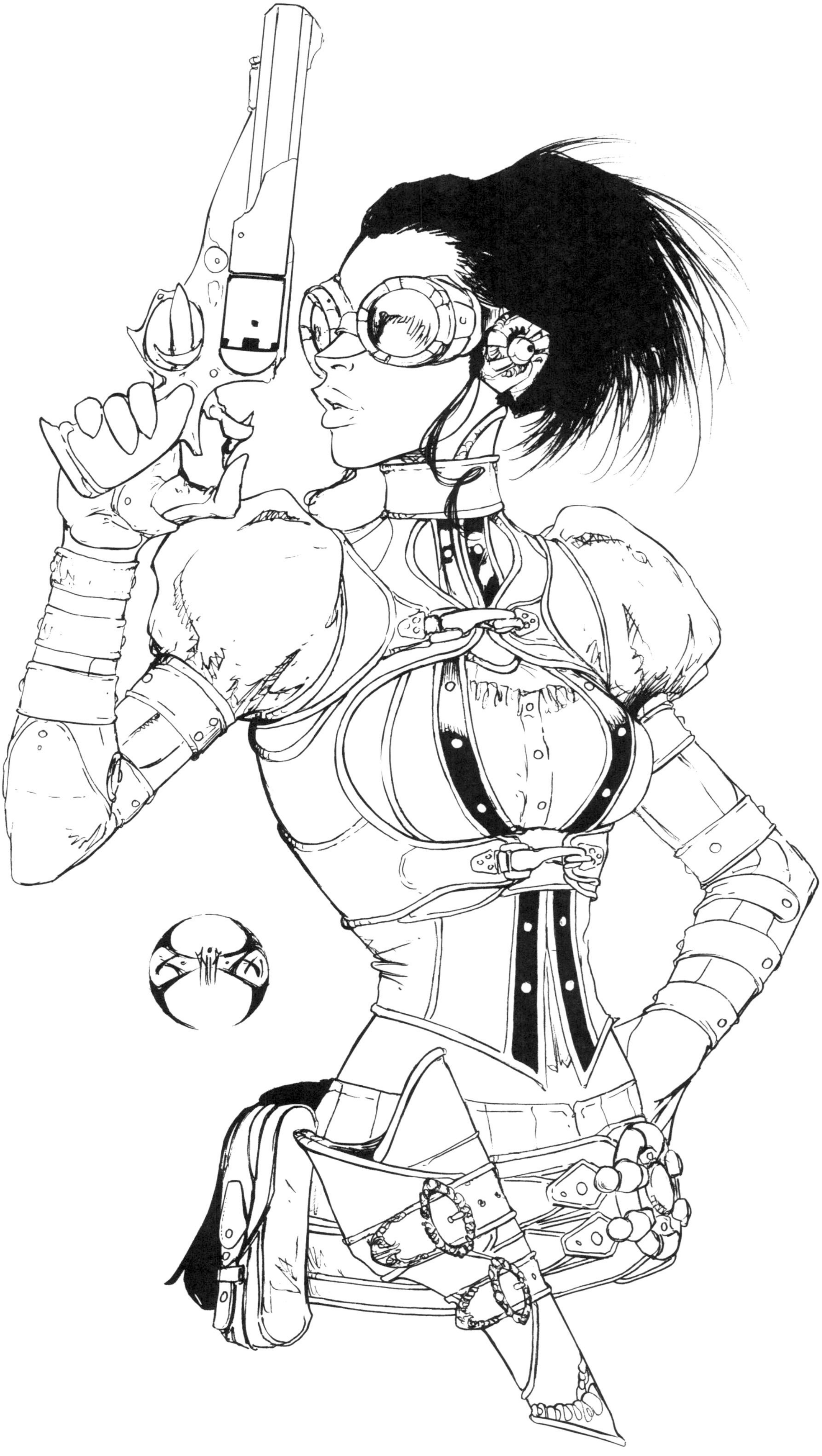

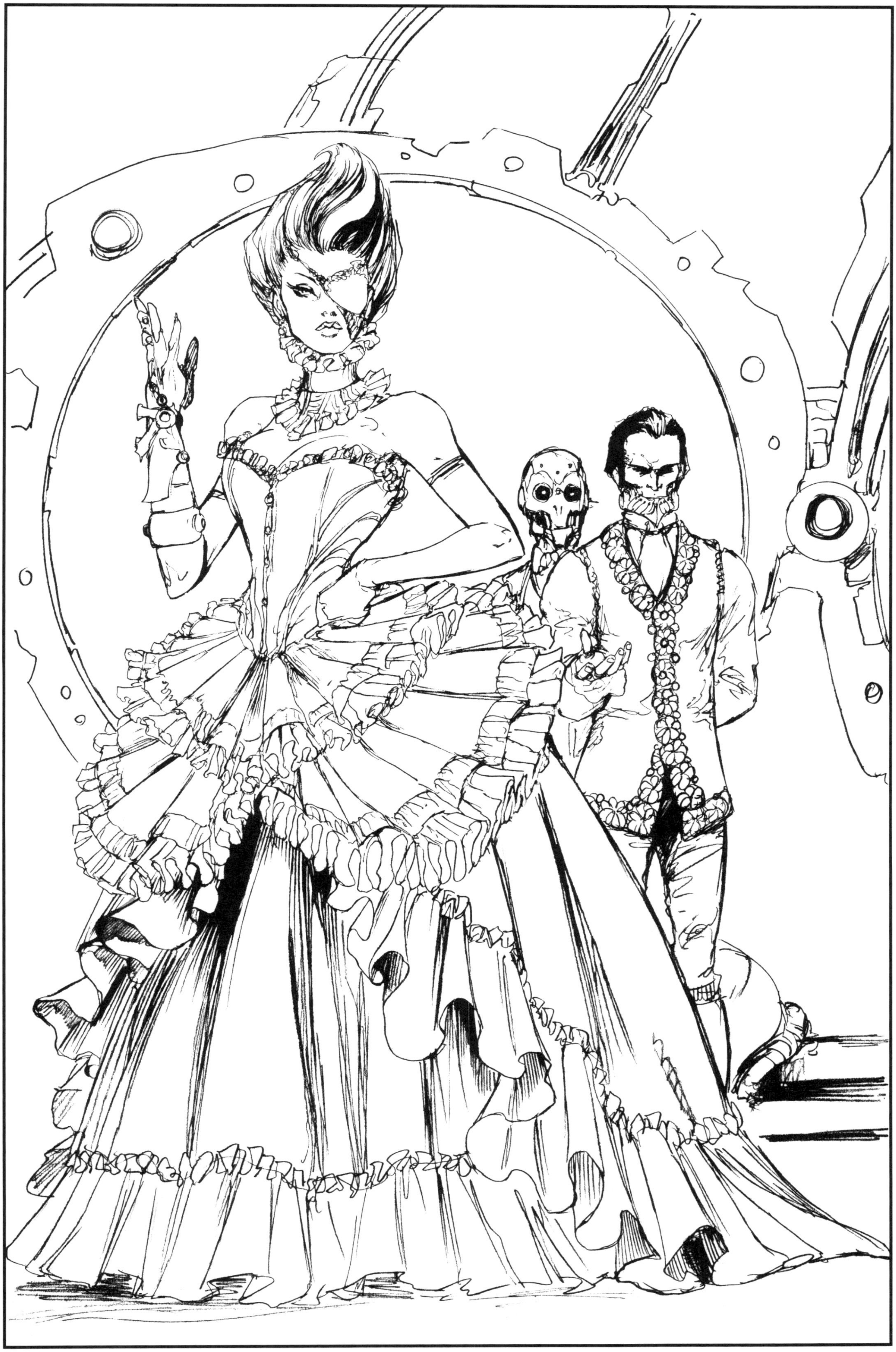

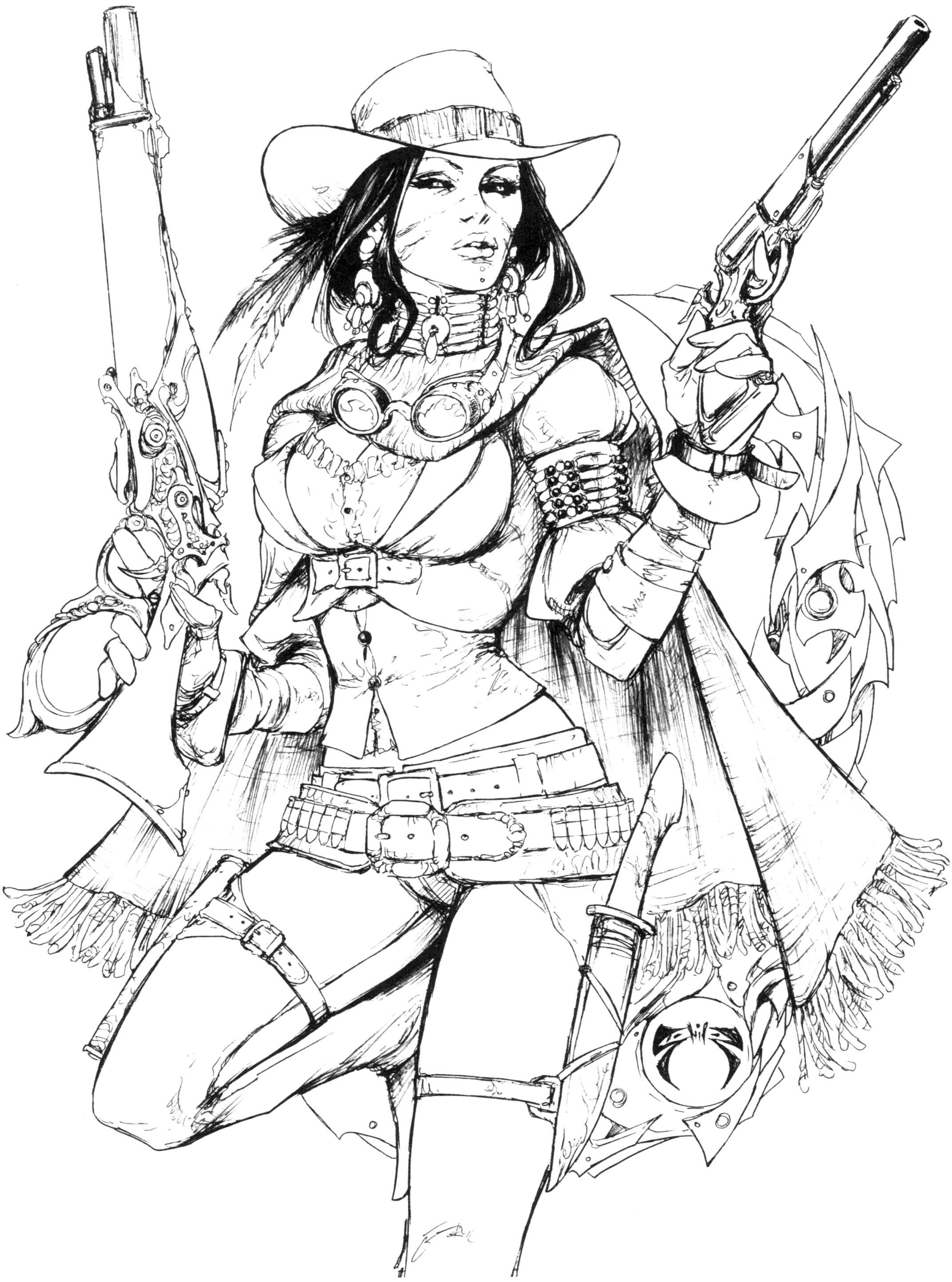

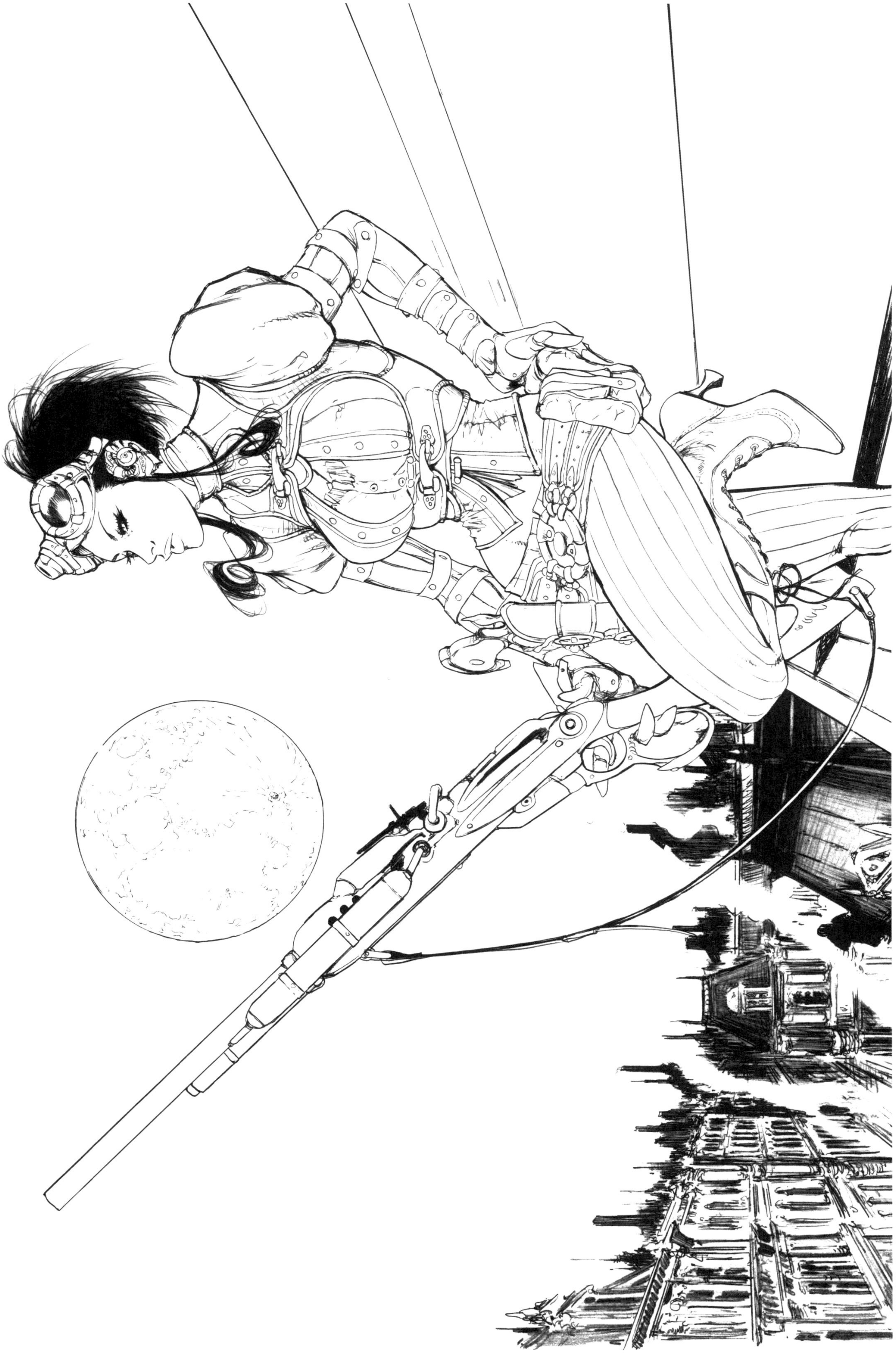

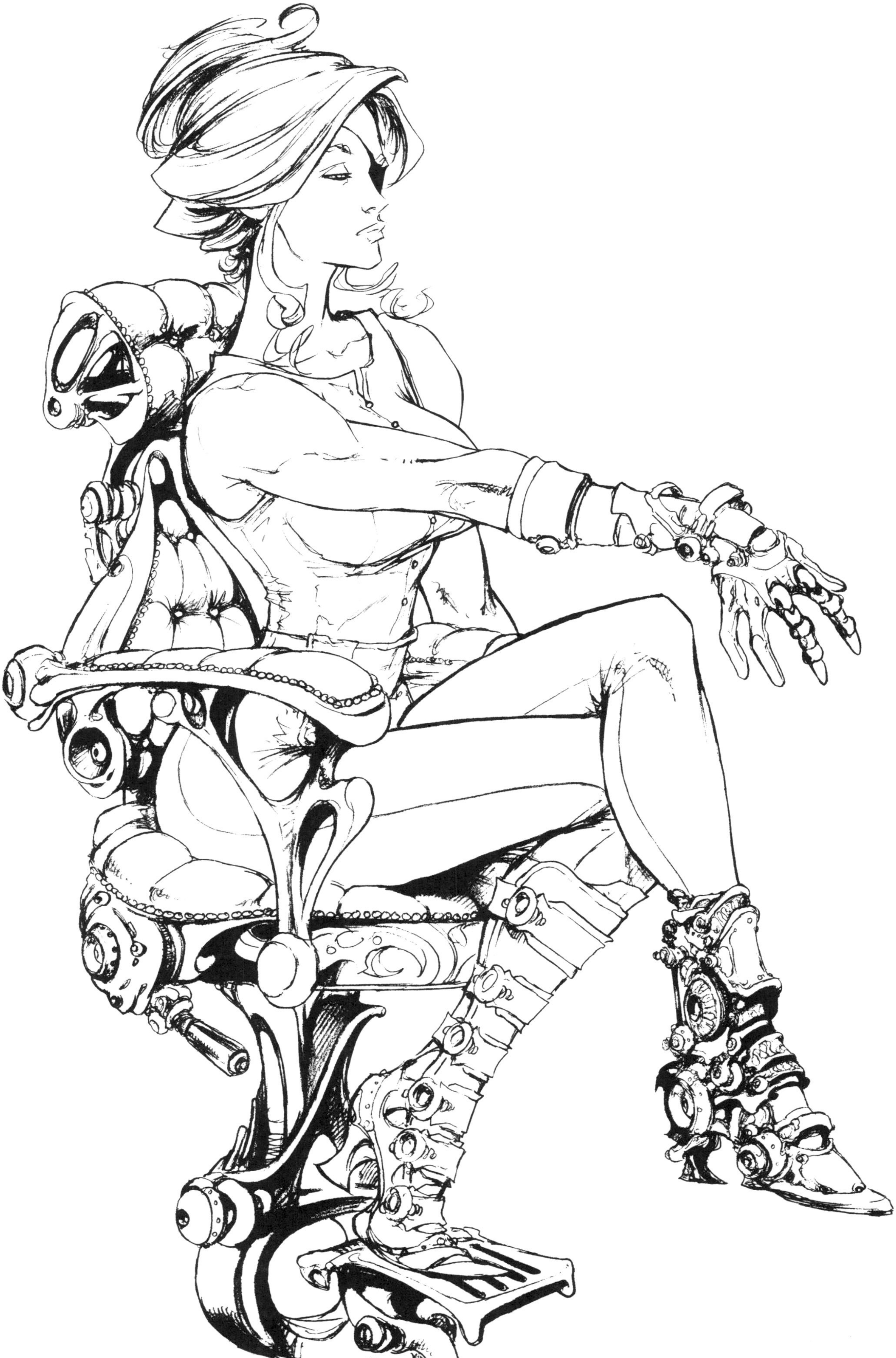

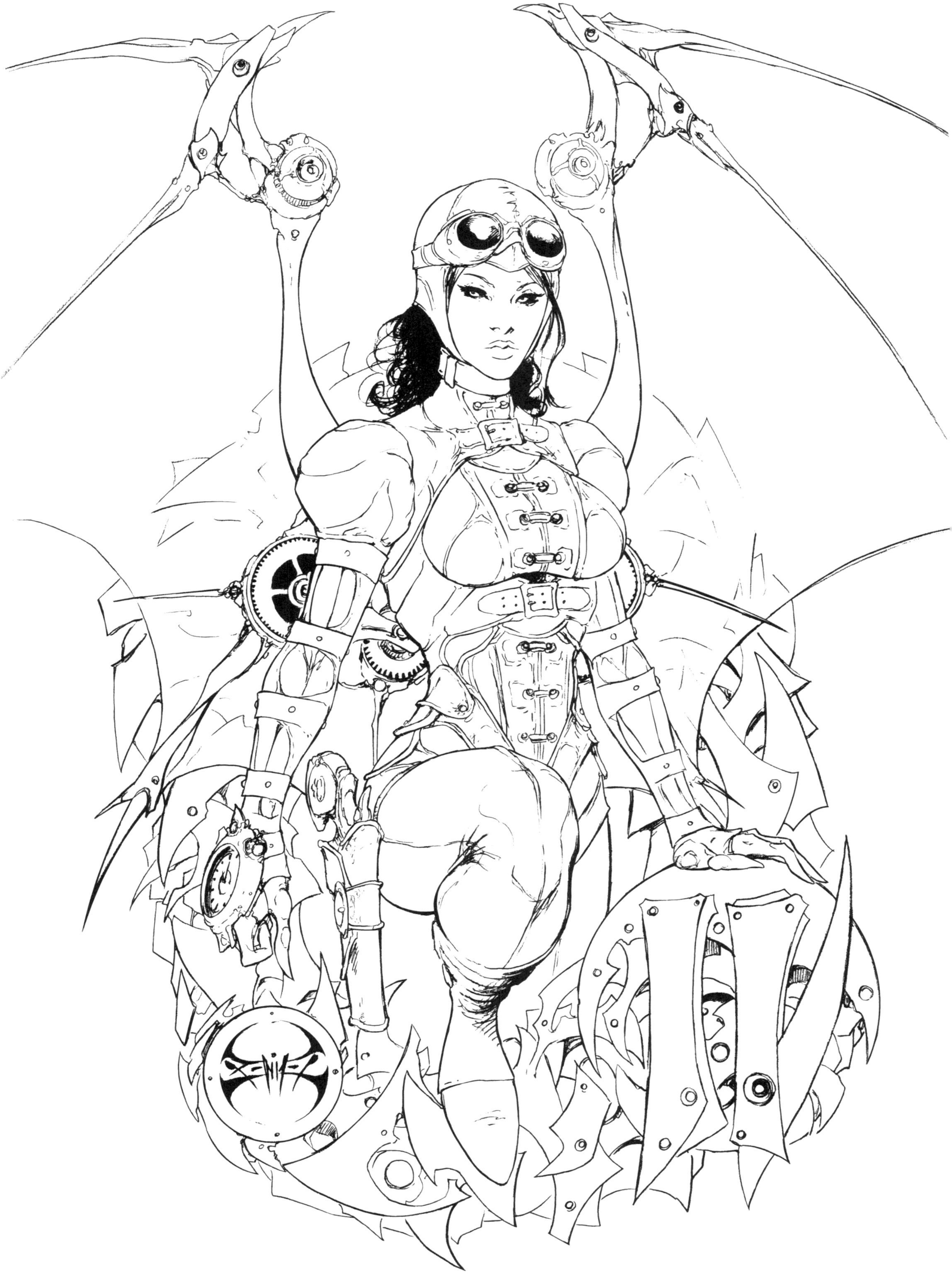

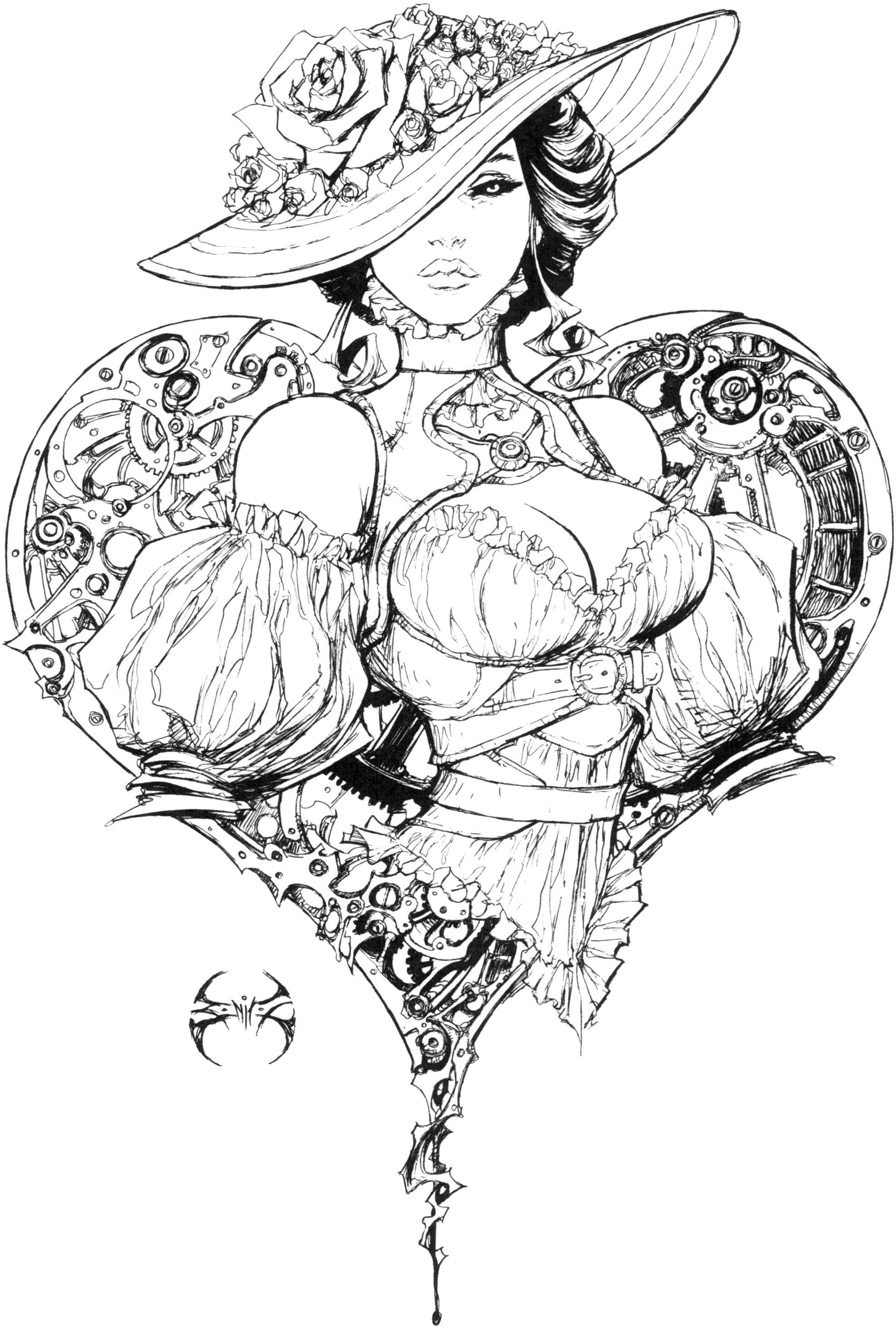

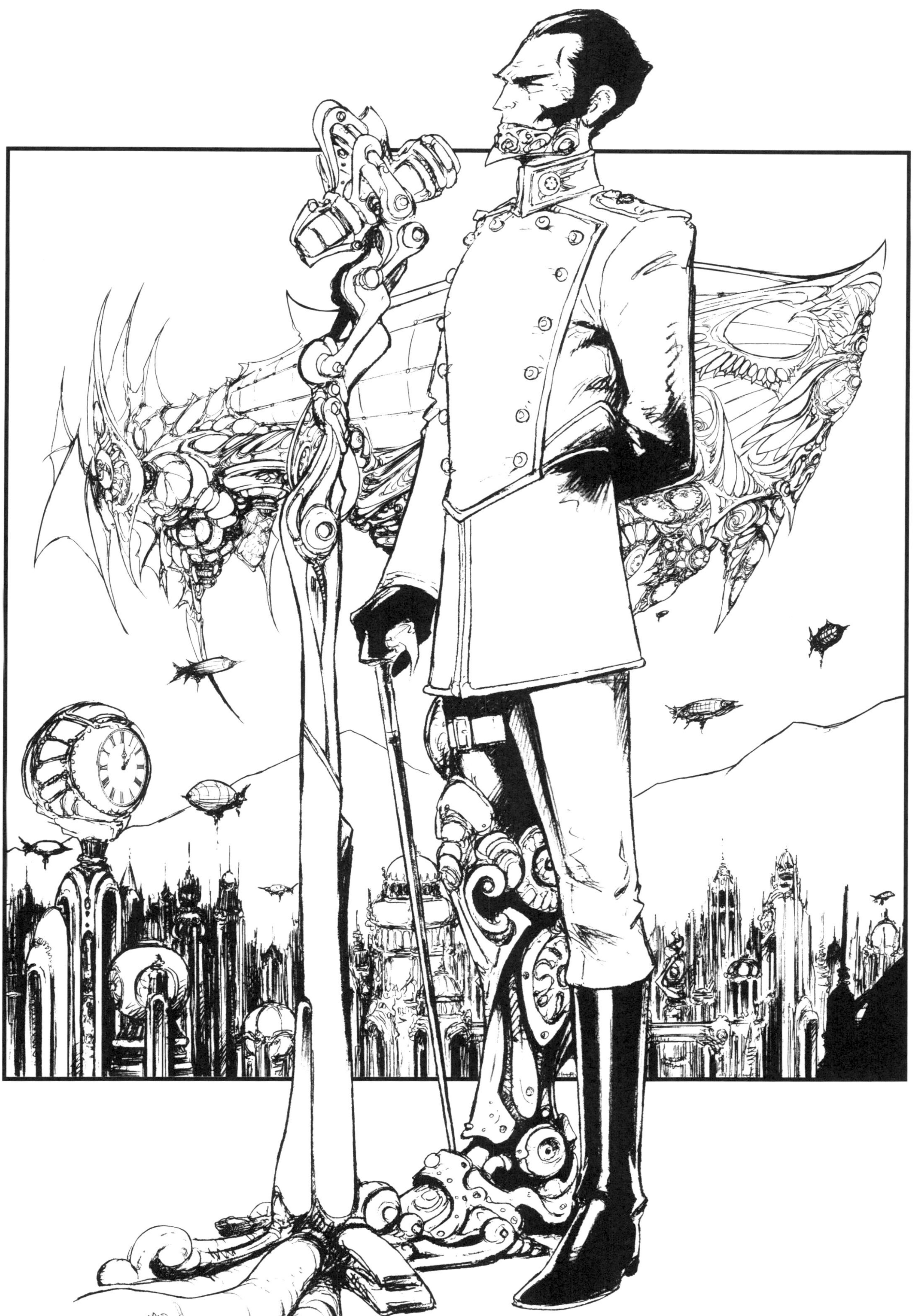

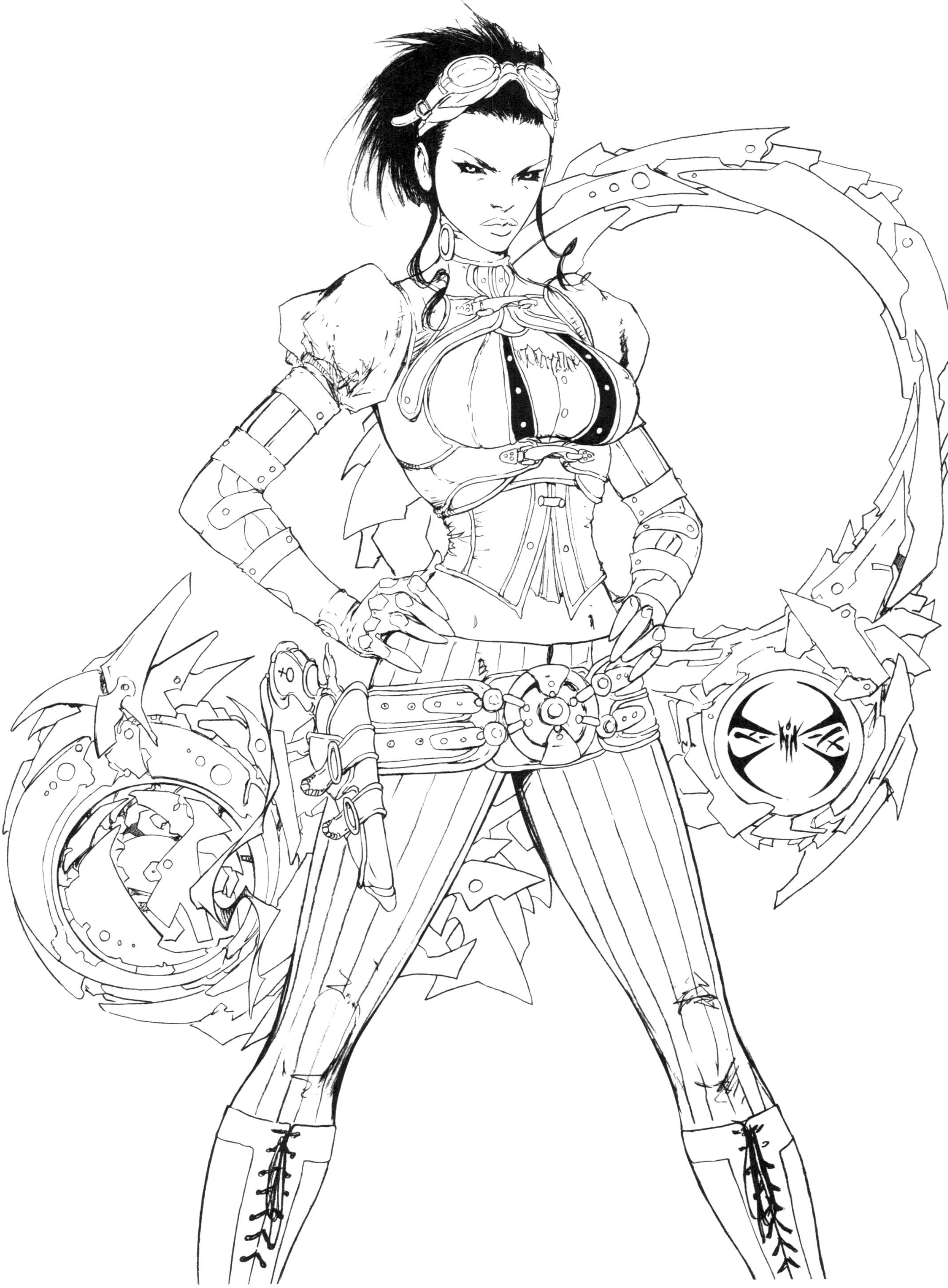

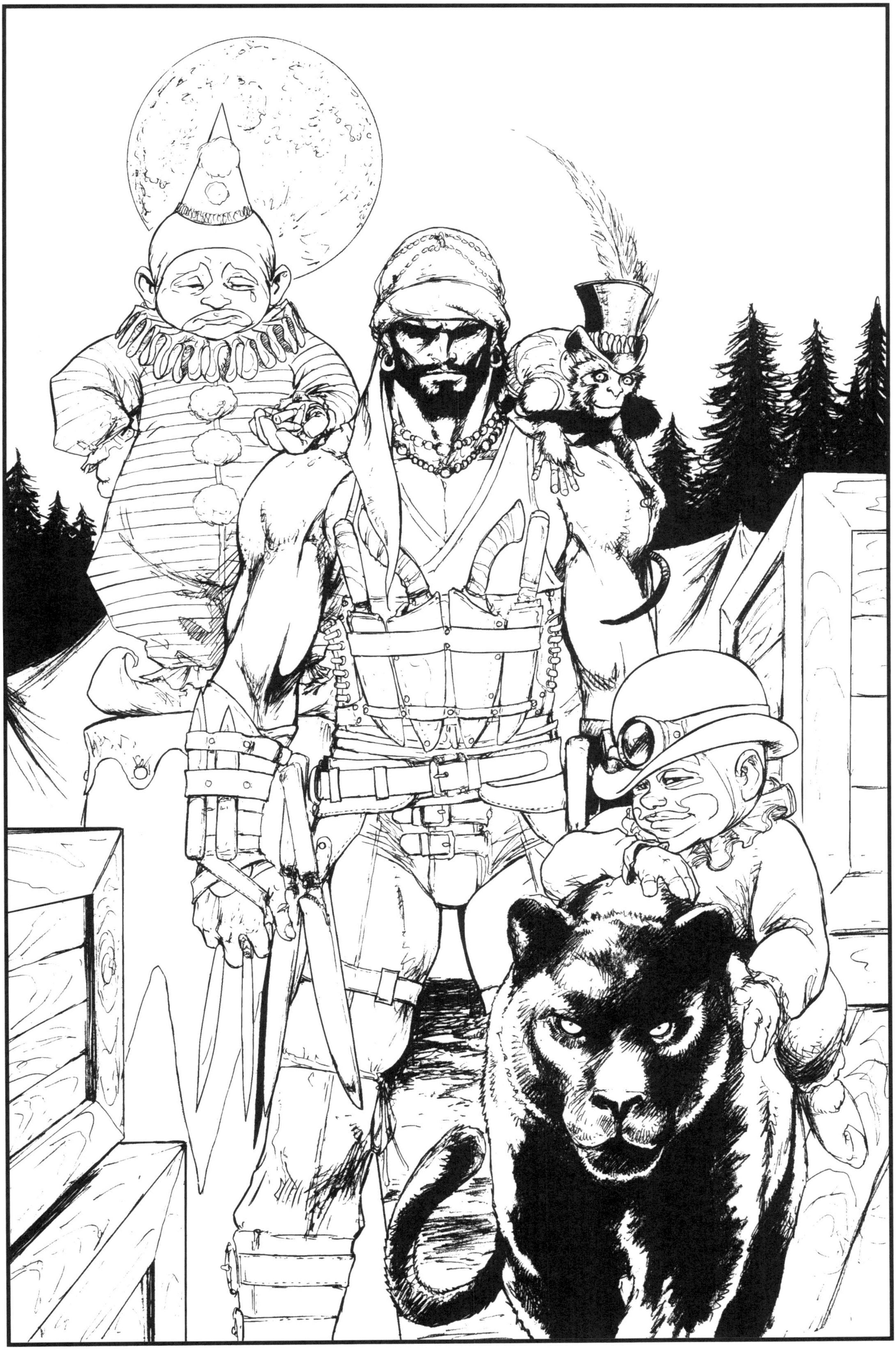

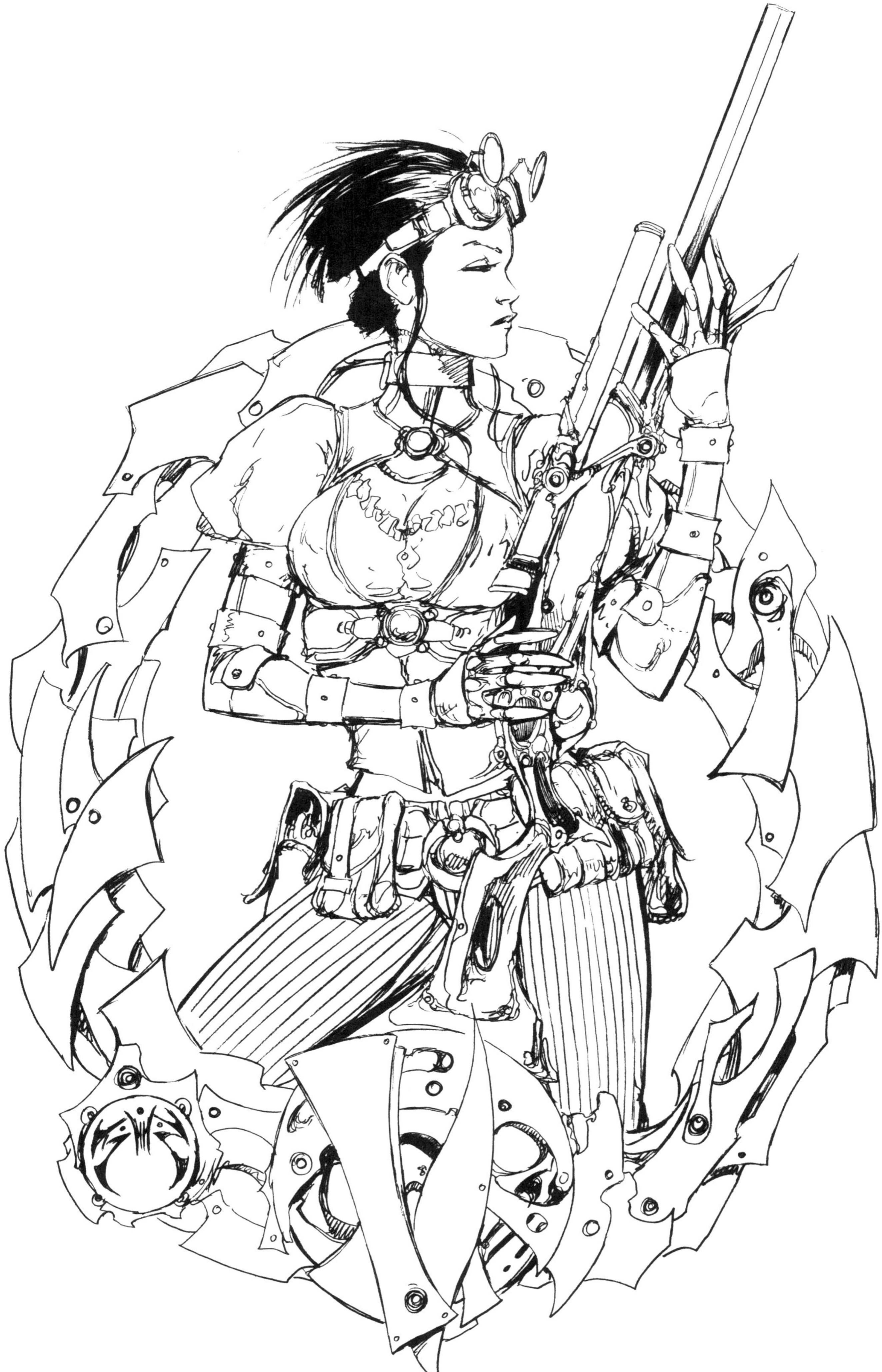

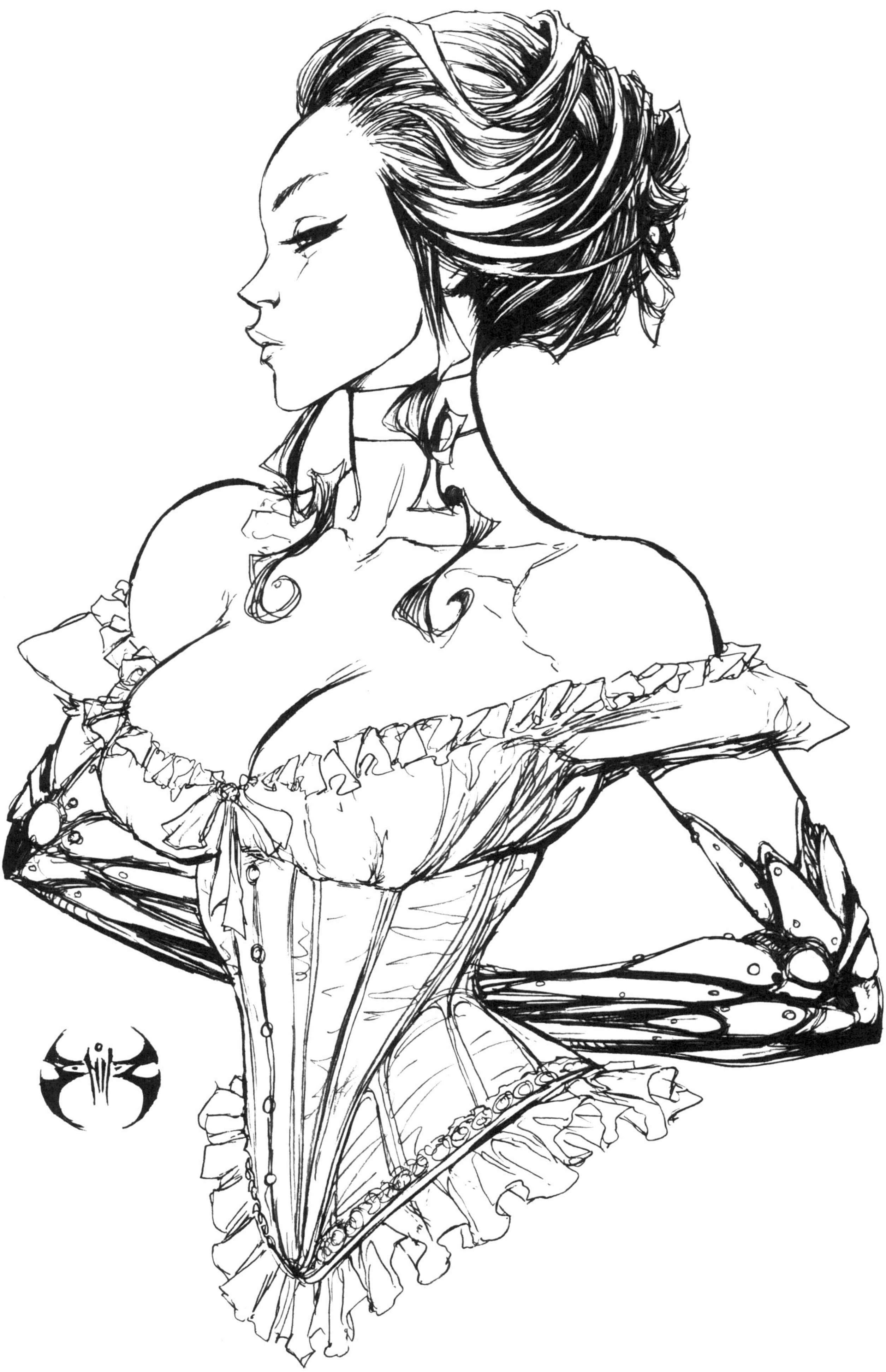

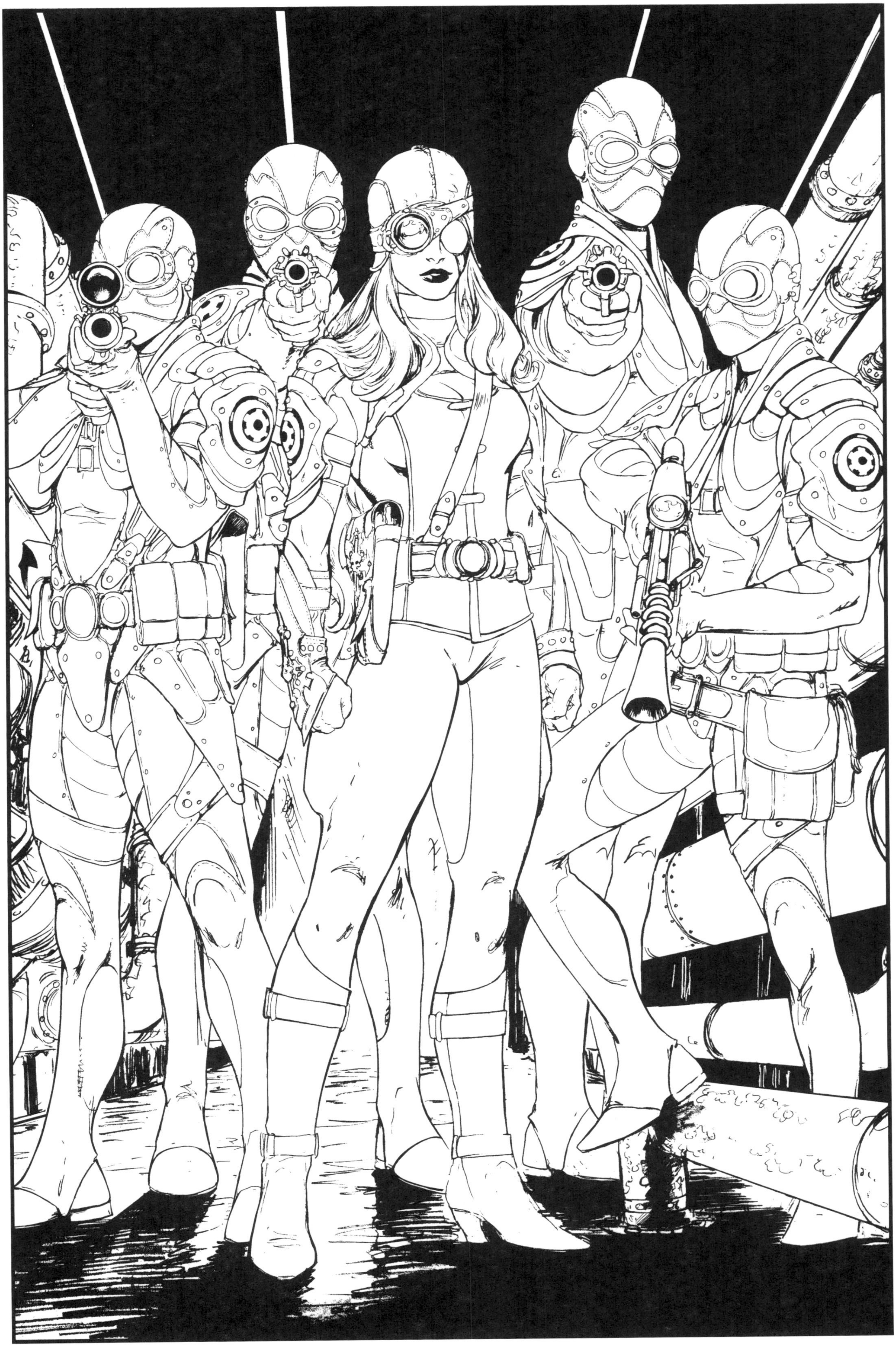

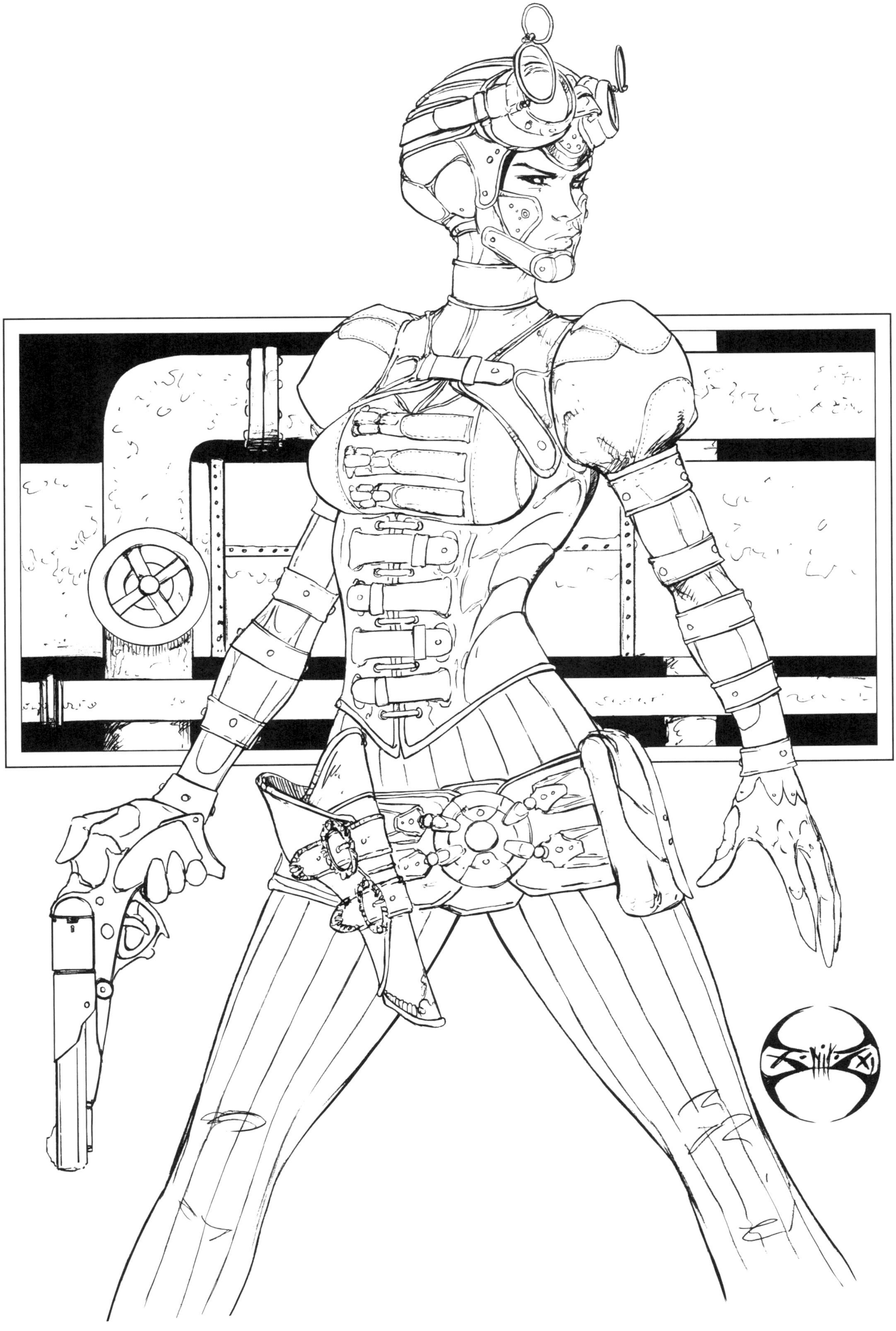

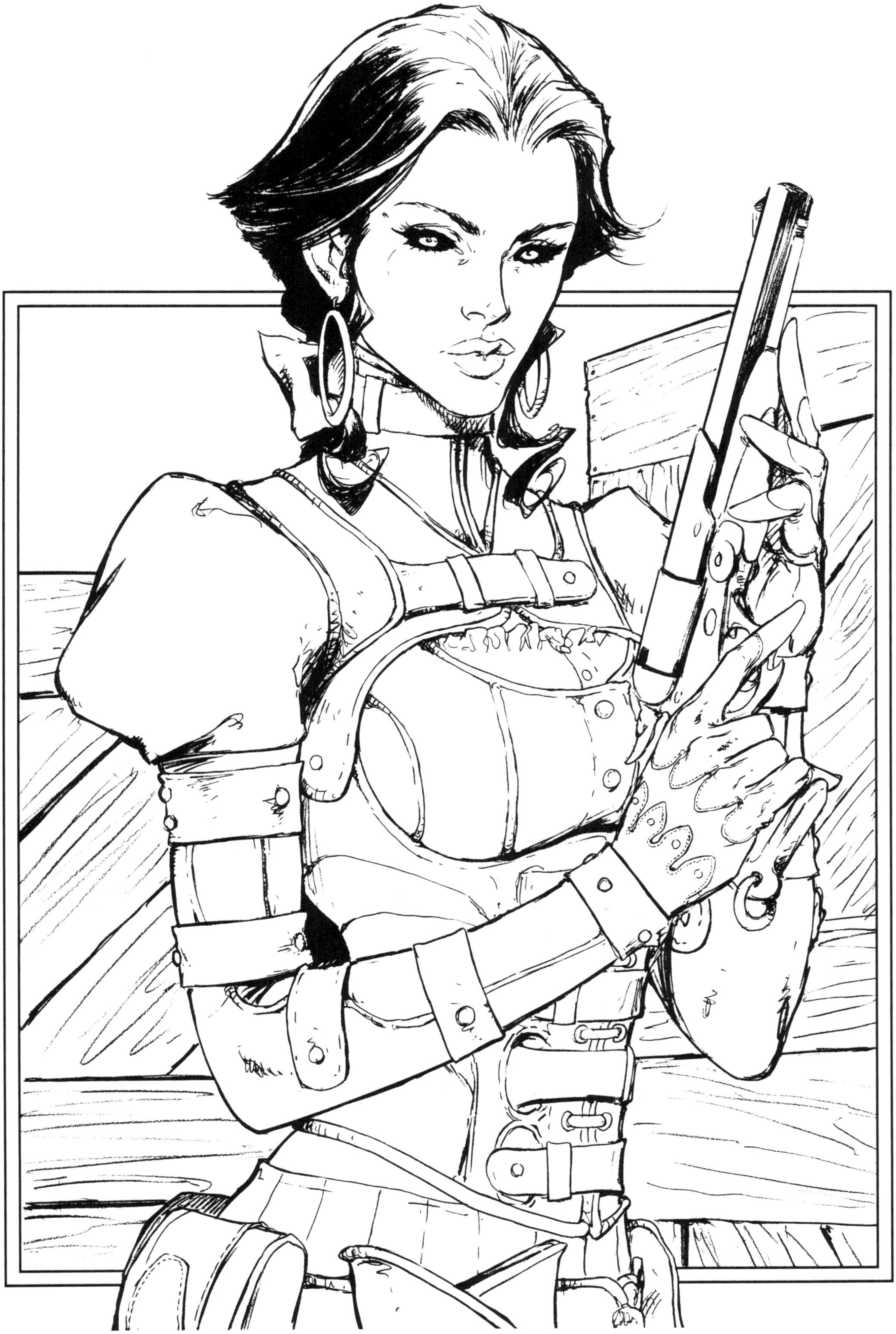

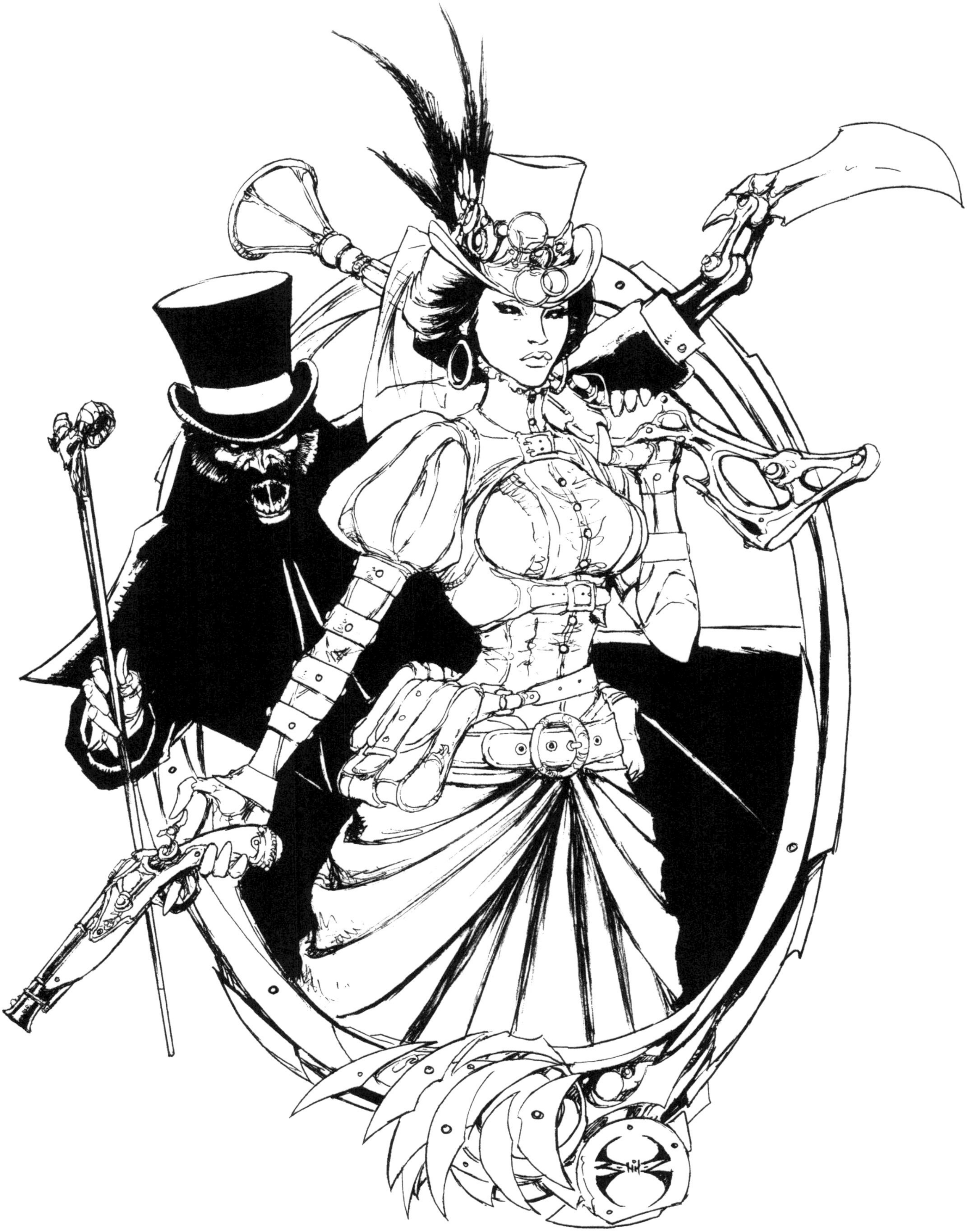

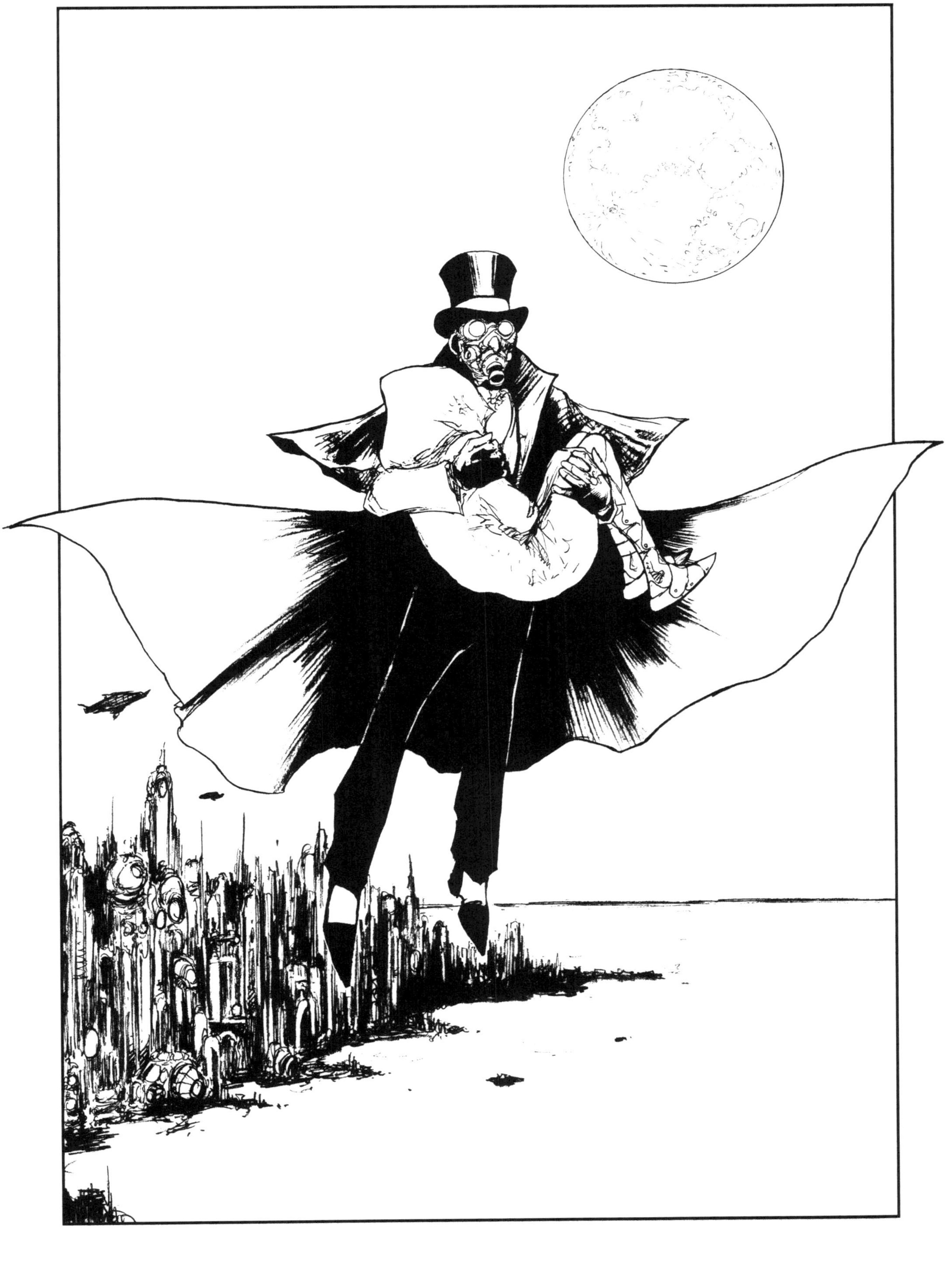

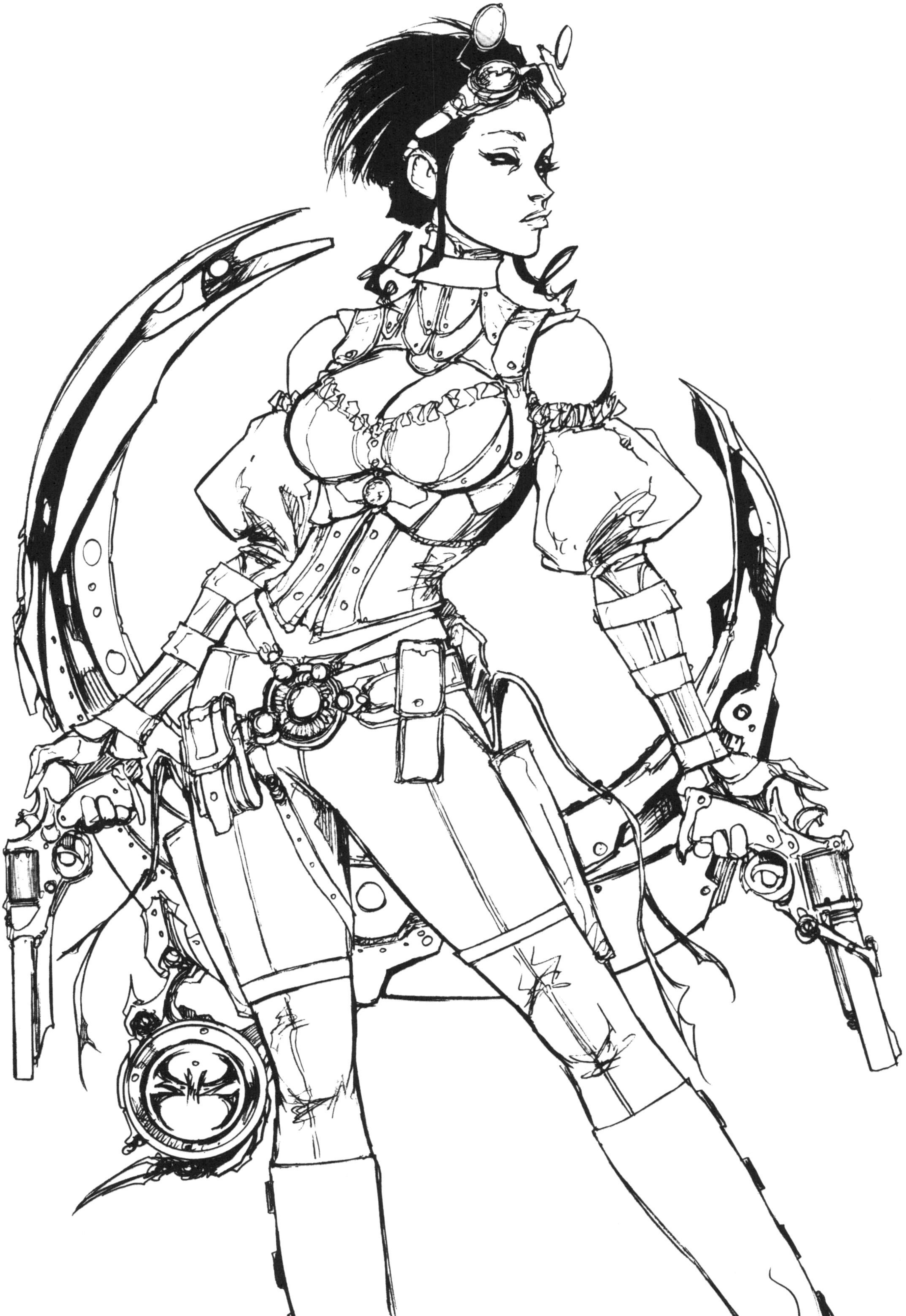

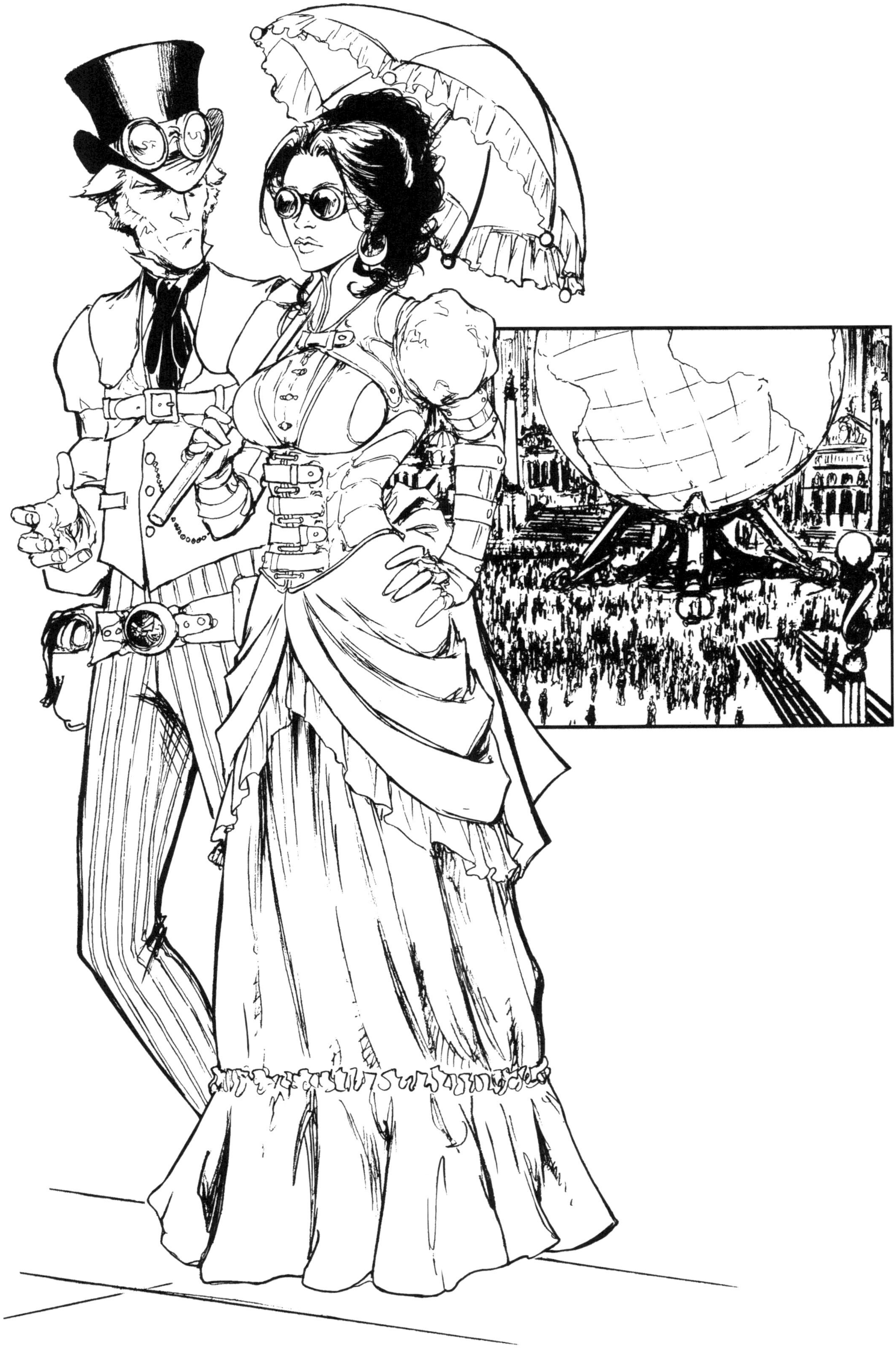

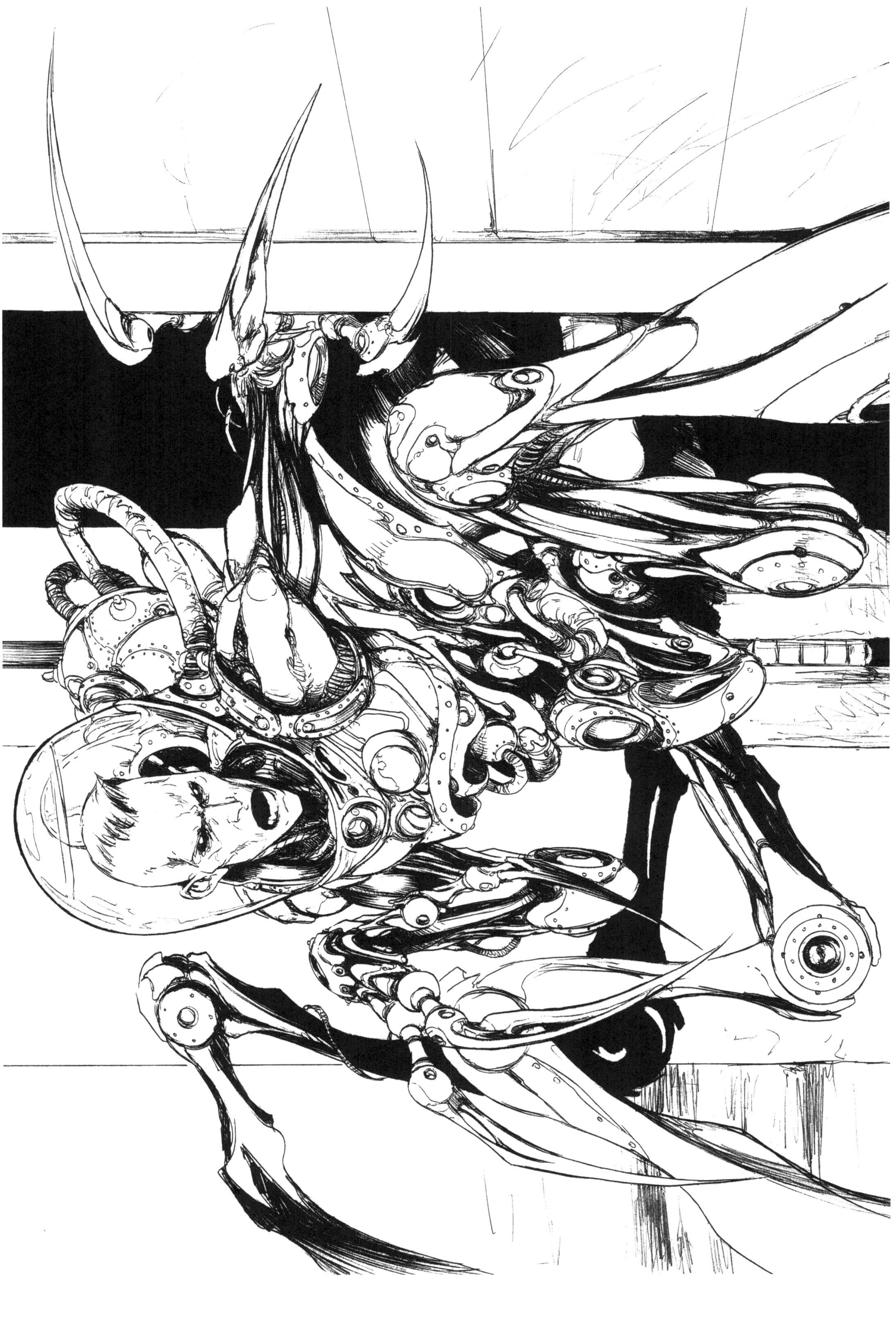

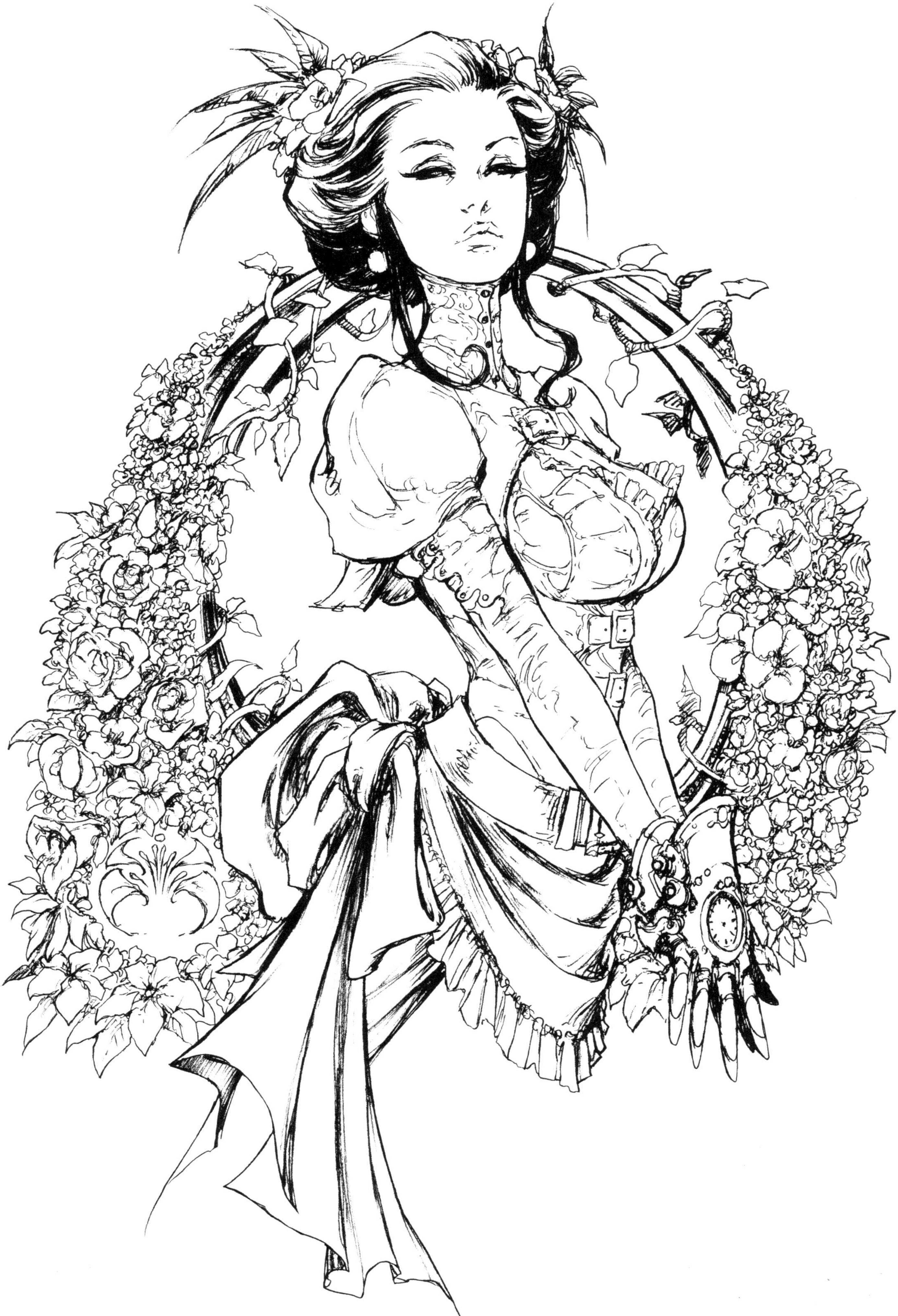

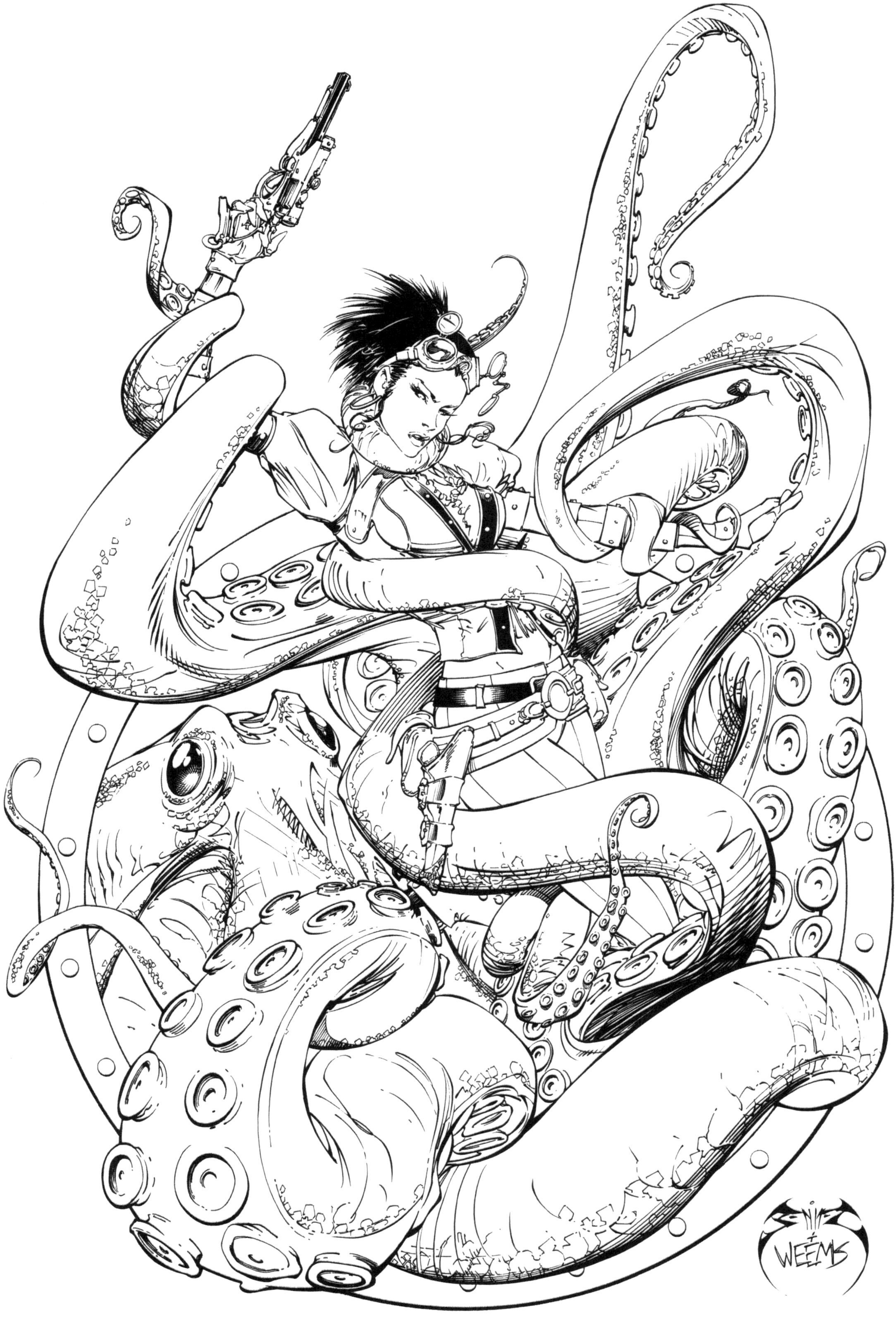
WEEMS